哲人与历史

现代政治思想中的历史意识

刘振 著

华东师范大学出版社
·上海·

华东师范大学出版社六点分社　策划

关注中国问题
重铸中国故事

缘　　起

在思想史上,"犹太人"一直作为一个"问题"横贯在我们的面前,成为人们众多问题的思考线索。在当下三千年未有之大变局中,最突显的是"中国人"也已成为一个"问题",摆在世界面前,成为众说纷纭的对象。随着中国的崛起强盛,这个问题将日趋突出、尖锐。无论你是什么立场,这是未来几代人必须承受且重负的。究其因,简言之:中国人站起来了!

百年来,中国人"落后挨打"的切肤经验,使我们许多人确信一个"普世神话":中国"东亚病夫"的身子骨只能从西方的"药铺"抓药,方可自信长大成人。于是,我们在技术进步中选择了"被奴役",我们在绝对的娱乐化中接受"民主",我们在大众的唾沫中享受"自由"。今日乃是技术图景之世界,我们所拥有的东西比任何一个时代要多,但我们丢失的东西也不会比任何一个时代少。我们站起来的身子结实了,但我们的头颅依旧无法昂起。

中国有个神话,叫《西游记》。说的是师徒四人,历尽劫波,赴西天"取经"之事。这个神话的"微言大义":取经不易,一路上,妖魔鬼怪,层出不穷;取真经更难,征途中,真真假假,迷惑不绝。当下之中国实乃在"取经"之途,正所谓"敢问路在何方"?

取"经"自然为了念"经",念经当然为了修成"正果"。问题是:我们渴望修成的"正果"是什么?我们需要什么"经"?从哪里"取经"?取什么"经"?念什么"经"?这自然攸关我们这个国家崛起之旅、我们这个民族复兴之路。

清理、辨析我们的思想食谱,在纷繁的思想光谱中,寻找中国人的"底色",重铸中国的"故事",关注中国的"问题",这是我们所期待的,也是"六点评论"旨趣所在。

点 点

2011.8.10

纪念我的母亲王菊芳

目录 Contents

1　序言
Preface

11　一、如何认识中世纪理性主义——施特劳斯的"古特曼评论"
Returning to the Medieval Rationalism: Leo Strauss's Comments on Julius Guttmann's *Die Philosophie des Judentums*

44　二、困惑时代的"先知"——罗森茨维格与犹太教的现代困境
A Prophet in the Confusing Time: Franz Rosenzweig and the Predicaments of the Modern Judaism

55　三、波普尔政治哲学与西方理性主义的危机
Karl Popper's Political Philosophy and the Crisis of the Western Rationalism

71　四、自然的分裂与拯救——早期尼采论现代国家与希腊传统
Splitting and Saving Nature: Young Nietzsche on the Modern States and the Greek Tradition

90　五、哲人与历史——施特劳斯与科耶夫关于《论僭政》的争论
Philosopher and History: Controversies between Leo Strauss and Alexandre Kojève Concerning *On Tyranny*

序　言

本书各篇文章讨论现代思想史晚近时期几位气质迥异的思想者——施特劳斯（Leo Strauss）、古特曼（Julius Guttmann）、罗森茨维格（Franz Rosenzweig）、波普尔（Karl Popper）、尼采（Nietzsche）和科耶夫（Alexandre Kojève）。虽然论题不同，这些文章在一个更深的层面具有共同的问题关切：西方现代思想对人类基本问题的思考是否彻底，这些思考具有何种品质？

笛卡尔和霍布斯在17世纪肇始的**现代启蒙**对于现代思想具有决定性影响。对于犹太思想家罗森茨维格、古特曼和施特劳斯而言，现代启蒙——尤其是霍布斯和斯宾诺莎的宗教批判——从根本上动摇了犹太教，造成了一个几乎无法克服的"神学-政治困境"。如果真正意义上的犹太政治以犹太神学为根基，那么，只有恢复以创世和启示为核心的犹太神学，才能真正恢复犹太人的生活方式。但是，在启蒙的宗教批判以后，已经几乎不可能恢复犹太神学，在18世纪，门德尔松（Moses Mendelssohn）已经放弃了创造世界的上帝，柯亨（Hermann Cohen）后来的新康德主义神学方案更是如此。就此而言，启蒙似乎已经彻底堵死了回归传统之原初性的道路，这种状况并非仅仅关乎犹太教，而且关乎启示宗教本身。

在施特劳斯看来，由于现代神学思想从根本上受制于启蒙，罗森茨维格和古特曼只是以不同的方式延续了施莱尔马赫以来的"内在论"神学方案。在古特曼这里，启示宗教之核心的最终基础是人的宗教意识，这种宗教哲学的实质仍然是柯亨对诸文化领域的划分。在罗森茨维格这里，这一基础是人的宗教经验，在生命最后几年的思考中，罗森茨维格最终将宗教经验落实为人的实际性的此在。

罗森茨维格去世第二年，施特劳斯应犹太学生团体之邀在柏林附近的布里斯朗（Brieslang）作了一次学术报告，在报告中，施特劳斯再次表达了对罗森茨维格的敬重，也再次表达了对罗森茨维格的批评：罗森茨维格的"新思想"在决定性的方面接受了海德格尔的历史化的此在，因而将犹太教推向了**历史主义**，推向了历史性的偶然命运。施特劳斯没有立刻与罗森茨维格和海德格尔的"新思想"展开理论争执，而是转向一个更基本的思想史问题，在施特劳斯看来，罗森茨维格的神学与海德格尔的哲学实际上是"当代思想状况"的一个表征。"当代思想状况"的基本特征在于：由于启示传统侵入西方思想和启蒙对启示传统的应对,现代西方思想逐步陷入了一个比柏拉图的"自然洞穴"更深的非自然的洞穴——一年以后,施特劳斯将这个非自然的洞穴称为"第二洞穴"。

原初意义上的哲学是人凭借自然理性对真理的认识,在柏拉图的洞穴比喻中,柏拉图描述了哲学的自然困难。但是,启示传统侵入哲学的世界,彻底改变了哲学的原初状况,从此以后,源于希腊人的哲学思考面临一个新的、**历史性的**困难。17世纪的启蒙力求恢复哲学的原初性,从而在自然理性层面与希腊人展开争执,但是,正是在摆脱启示传统的斗争中,启蒙失去了哲学的原初性。造成这种状况的最重要原因在于,启蒙在恢复哲学之时陷入了与启示传统的纠缠。

笛卡尔在面对启示传统之时只能将自然真理"内在化",对真理的内在化从根本上影响或制约了现代哲学的视域。与笛卡尔相比,霍布斯更激烈地反对启示宗教,但是,为了反驳作为启示之根基的奇迹,霍布斯只能连根拔除人对外在世界的认识,从而彻底取消人认识奇迹的可能。由此造成的结果是,霍布斯的知识论同样是一种观念化和内在化的知识论。将真理看作主体的观念"建构",已经为主体及其建构的历史化做好了准备——早期现代哲学已经为海德格尔做好了准备。

尽管启蒙从一开始就跟启示传统纠缠不清,可是,霍布斯以来的宗教批判深刻动摇了传统神学的根基,现代神学从此阵脚大乱,从今往后,现代神学要么主动接受、要么被动受制于现代哲学。由于现代哲学本身已经在应对启示的斗争中失去了原初性,现代神学由此更进一步远离了原初的思考方式。

由于这种状况,现代思想在神学和哲学两方面都陷入到更深的洞穴之中。自启蒙以来,现代神学和现代哲学或接受或受制于彼此,形成了相互缠绕、盘根错节的思想局面,在极端情况下,一种神学直接以一种哲学观念为根基,一种哲学观念直接是神学的世俗化形式。不仅如此,"自启蒙以来,每一代人通常都只是对此前的一代人作出反应,未曾质疑根基"。1930年在布里斯朗的这次报告中,施特劳斯对在场的犹太青年学生说,当务之急不是对"当代的宗教状况"发表高论,而是超越启蒙以来的历史洞穴,回到原初的提问和回答方式——缺乏对根本问题的思考,如何辨认当代状况究竟属于何种状况?

过了两年,施特劳斯受洛克菲勒基金会资助先后在巴黎和伦敦做研究,由于这项资助将在1934年9月底结束,施特劳斯从1933年秋天开始就忙着找工作。肖勒姆(Gershom Scholem)写信劝施特劳斯尽快发表一部犹太学著作,以争取耶路撒冷希伯来大学的一个教授席位。1935年,施特劳斯出版了《哲学与律法》,第一章是施特劳斯在1933年所写的关于古特曼《犹太哲学》的评论,在这则评论中,施特劳斯呈现了古特曼宗教哲学深陷现代思想洞穴的情况;更重要的是，施特劳斯向人们表明，借助柏拉图在中世纪的理性主义弟子们，人们或许可以回到一种原初思考方式……

除了关于中世纪哲学与柏拉图的研究，施特劳斯在上世纪30年代也在同时推进关于霍布斯的研究。施特劳斯原计划写作一部关于霍布斯的著作，这部著作在1931年11月份前后有了一份长达一百页的详细提纲，书名定为《霍布斯的政治科学：自然法引论》(*Die politische Wissenschaft des Hobbes. Eine Einführung in das Naturrecht*)。在11月16日给克吕格(G. Krüger)的信中，施特劳斯说："我正在写一篇（并非为付印而准备的）序言，在这里我试图解释自然法以及自然法批判史中所缺少的东西。我认为最重要的是强调，当今对自然法所持态度的唯一前提是历史意识。"

施特劳斯后来没有按原计划完成这部著作，不过，它的意图已经体现在施特劳斯此后关于霍布斯的一系列著述中。学界熟悉的《霍布斯的政治哲学》(*The Political Philosophy of Hobbes: Its Basis and Its Genesis*)最初是施特劳斯在1934年和1935年用德文写成的一部书稿，德文书名是*Hobbes' politische Wissenschaft in ihrer Genesis*，在这部书稿中，"历史"一章所占篇幅最大。1935年5月12日，施特劳斯在给伽达默尔和克吕格的信中提到，"历史对于霍布斯的意义从根本上是革命性的"。施特劳斯相信，就霍布斯与传统的决裂而言，真正全新的、现代的因素是历史意识。多年以后，施特劳斯对圣约翰学院的学生们说，现代哲学的最高形式——海德格尔哲学——的决定性因素正是历史意识,而这种历史意识的"隐秘起源"要追溯到霍布斯。

正是在《霍布斯的政治哲学》的"历史"一章中,施特劳斯将黑格尔的历史哲学追溯到霍布斯,值得留意的是,施特劳斯在这里明确提到了科耶夫。事实上,在完成此书之前,施特劳斯曾经提出了一项关于霍布斯与黑格尔的比较研究计划,并且打算与科耶夫关于现代哲学的历史意识展开讨论——可惜,两件事情都没有按计划实现。直到《论僭政》出版之后,施特劳斯与科耶夫的争论才展现在世人面前。在这场争论中,科耶夫坚定而自觉地站在历史意识一边,力求为历史意识的正当性作出最彻底的辩护,施特劳斯则以苏格拉底-柏拉图式哲学与历史意识对质,无论中国学人持有何种观点,20世纪西方精神史上这场惊心动魄的哲人之争都是彻底认识西方思想的良机。

与科耶夫对现代立场的深刻自觉相比,波普尔则缺少一个思想者应有的自由精神。1950年,波普尔到芝加哥大学做讲座,此时施特劳斯已在芝大教书,在写给**沃格林**(Eril Voegelin)的信中,施特劳斯称波普尔完全没有理性思考的能力。向来脾气火暴的沃格林在回信中说,波普尔的《开放社会及其敌人》是"废书",波普尔本人是一个"彻头彻尾的意识形态争吵者"。

施特劳斯和沃格林对波普尔的严厉批评,并非出于对波普尔的成见,而是因为波普尔缺乏对待思想史的应有态度。

正如沃格林所言,波普尔无心理解前人,眼里只有"意识形态的陈词滥调"。事实上,仅凭施特劳斯和沃格林对霍布斯所下的思想史功夫,他们也有资格敲打这位犹太同龄人。

为了建立一种以几何学方式必然可行的政治*科学*,霍布斯构造了自然权利学说,以打造新式国家所需要的公民质料。霍布斯对公民质料的考虑,着眼于人之必然可行的自然,而非必须经过努力才能达到的自然,不仅如此,霍布斯相信,只有人的*某些*必然本性,才适合作为必然可行的政治国家的人性基础。出于这种考虑,霍布斯必须将世人的眼光收拢到经过精心挑选的人性要素上,构造自然权利学说正是霍布斯收拢人类心智的政治行动——正是从霍布斯开始,*政治德性*取代了自然德性,自然德性甚至成为政治国家的威胁。正如沃格林所言,教育对于霍布斯具有本质意义,以自由与权威的对立看待霍布斯的思想,人们将一无所获。霍布斯曾经上书英格兰君主,希望以《利维坦》教育英国人,在霍布斯眼中,波普尔不会是一个政治哲学家,倒是一块经过成功打造、具有"良好"政治德性的公民质料。

霍布斯对一种机械式、必然可行的政治国家的强烈倾向,与西方 16 至 17 世纪的历史状况密切相关——即使这不是霍布斯追求政治学问之科学性的全部原因。基督教世界诸教会和君主的复杂扭结,导致了欧洲早期现代的一场大混战,使社会秩序陷入极端动荡。原本坐在书斋里沉思新科学问题的霍布斯赶紧先把政治著作拿出来出版,希望用一种全新的政治共同体迅速并且一劳永逸地解决欧洲的神学-政治秩序问题。因此,早期现代欧洲的极端状况是霍布斯理论的重要**历史**原因,抓住这位现代政治思想开创者与启示传统及其突发历史状况的缠斗,是否更有利于人们走出波普尔未曾尝试走出的思想洞穴?

可以肯定的是,尼采具有走出现代思想洞穴的坚定意志,在尼采这里,现代哲学观念与道德观念几乎走到了尽头,尼采无意陷入现代神学与现代哲学互相缠绕的思想洞穴。尼采面临的根本挑战是已经与现代知识论分道扬镳的新科学世界,一个由物质和运动构成的世界。尼采在现代世界深处将目光转向了柏拉图,因为,从根本上看,新科学的挑战正是柏拉图曾经面对的古希腊自然哲学的挑战。晚近研究表明,尼采与柏拉图的精神共契比从前认为的更紧密。尼采相信,柏拉图的目的论形而上学很有可能是柏拉图的显白教诲,"柏拉图的本质特征"是柏拉图创造"文化"的超凡能力。尼采将自己看作身负时代使命的"新柏拉图",不过,现时代与柏拉图时代的根本差异在于,新自然学对现代世界的统治力远非希腊自然哲学可比:尼采的对手更强大、更"致命"。青年尼采未能创造一个覆盖自然的新文化世界,在《扎拉图斯特拉如是说》中,尼采作出了更顽强、更狡黠的努力——尼采的努力成功了吗?

面对来势迅猛的蒙昧主义文化,施特劳斯在1930年寒冬的"布里斯朗报告"中对青年学生说:"写作者甚多,彻底思考的思考者甚少。"毫无疑问,本书作者肯定属于写作者,仅仅抱有一种向彻底思考者学习的愿望。

业师刘小枫先生鼓励笔者以本书就教于学林,笔者借本书出版之机感谢业师多年教导,唯愿这本小书还算一份及格的学习报告。

本书各篇文章曾刊于《汉语基督教学术论评》、《读书》、《海南大学学报》、《古典学研究》和中国古典学学会所编《施特劳斯与古典研究》,收入本书时,笔者对内容有所修改,并改换了部分标题。感谢刘小枫先生、张志扬先生、卫纯博士、冯庆博士、贾冬阳教授向诸刊推荐拙文,感谢张旭教授关于《如何认识中世纪理性主义》的修改意见。感谢华东师范大学出版社倪为国先生和彭文曼女士使本书有幸与读者见面。

张文涛教授、徐戬博士与笔者的交谈促成了本书部分观点,谨致谢忱。笔者最初曾向老友唐亮、徐静、郝浩、李天俊表达过本书许多观点,诸君每每力劝笔者付诸笔端,在此向诸君致以谢意。

内子曹聪博士始终支持笔者思考"不接地气的问题",笔者感谢她的爱和包容;感谢她和家人们在沉重时刻给予我的支持。

一、如何认识中世纪理性主义
——施特劳斯的"古特曼评论"

谨以此文纪念朱雁冰先生

Moriatur anima mea mortem philosophrum.

[我的灵魂一朝死去,也如哲人之死。]

——阿威洛伊语,朱雁冰译文

引 子

1933年,德国柏林犹太科学研究院(Berlin Academie für die Wissenschaft des Judentums)的掌门人古特曼出版了著名的《犹太哲学》。① 从形式上看,这是一部关于犹太哲学的思想

---

① Julius Guttmann, *Die Philosophie des Judentums*, Munich: E. Reinhardt, 1933.

史著作，1933年德文版论述的范围自圣经时代开始，中经中世纪犹太哲学，下至启蒙时代，以新康德主义哲学家柯亨作结。两年以后，古特曼从前在柏林犹太科学院的下属、当时身在英国的施特劳斯发表了一篇关于《犹太哲学》的评论，题为《犹太哲学的古今之争——评古特曼的〈犹太哲学〉》，即1935年出版的《哲学与律法》的第一章。① 施特劳斯相信，《犹太哲学》绝非只是一部思想史著作，古特曼对犹太哲学尤其中世纪犹太哲学进行解释的"真正意图"是哲学性的(页23)。

事实上，施特劳斯在1933年就完成了这篇"古特曼评论"，②对古特曼哲学意图的思考从属于青年施特劳斯推进

---

① 原书题为 *Philosophie und Gesetz*: *Beiträge zum Verständnis Maimunis und seiner Vorläufer*，收入迈尔(Heinrich Meier)所编《施特劳斯作品集》卷II。本书使用《施特劳斯作品集》最近的修订版本，分别见 Leo Strauss, *Gesammelte Schriften*, I: *Die Religionskritik Spinozas und zugehörige Schriften*, Hrsg. von Heinrich Meier, Stuttgart & Weimar: Metzler, Dritte, 2008. Leo Strauss, *Gesammelte Schriften*, II: *Philosophie und Gesetz-Frühe Schriften*, Hrsg. von Heinrich Meier, Stuttgart & Weimar: Metzler, Dritte, 2004. Leo Strauss, *Gesammelte Schriften*, III: *Hobbes' politische Wissenschaft und zugehörige Schriften-Briefe*, Hrsg. von Heinrich Meier, Stuttgart & Weimar: Metzler, Dritte, 2008.《施特劳斯作品集》一般简称GS，各卷分别简称GS-1、GS-2、GS-3。本书《哲学与律法》引文出自列奥·施特劳斯，《哲学与律法：论迈蒙尼德及其先驱》，黄瑞成译，华夏出版社，2012年，本书引用时仅随文标注中译本页码，部分译文据GS-2略有改动。

② 由于施特劳斯思想在1930年代一直在发生激烈而深刻的变动，《哲学与律法》的成书史十分重要。关于《哲学与律法》的成书史，参迈尔为其所编施特劳斯文集第二卷撰写的导论，GS-2, IX—XXXV。迈尔的导论是一篇关于施特劳斯这一时期思想推进的重要研究，在新近一部考察施特劳斯三十年代思想的重要文集中，此文以"How Strauss Became Strauss"为题列在第一篇，见 *Reorientation*: *Leo Strauss in the 1930s*, ed. Martin D. Yaffe and Richard s. Ruderman, New York: Palgrave Macmillan, 2014, pp. 35—59。

个人思想的既定计划。根据施特劳斯后来的说法,现代启蒙引发的"神学-政治问题"是其哲学思想的"**真正主题**"。① 在《哲学与律法》的纲领性导言中,施特劳斯认为,尽管神学-政治问题是西方思想的传统问题,然而,正是现代启蒙造成了一个"没有出路"的"神学-政治困境"——正统与无神论的对立处境(页20)。直到1928年,施特劳斯仍然认为这一神学-政治困境根本无法解决。②

---

① Leo Strauss, " Preface to Hobbes politische Wissenschaft", trans. Donald J. Maletz, *Interpretation* 8, 1979, p. 1. 关于神学-政治问题在施特劳斯思想中的核心位置,迈尔的立场最有代表性。在《施特劳斯的论题》(*Das Thema von Leo Strauss*)中,迈尔坚决认为神学-政治问题是施特劳斯思想的"核心"、"主线"和"中心线索"。见迈尔,《古今之争中的核心问题:施米特的学说与施特劳斯的论题》,林国基等译,华夏出版社,2004年,页198。迈尔在此文中含蓄地批评了施特劳斯的弟子用"古代人与现代人"概括施特劳斯思想主线的做法,并且认为施特劳斯四十年代中期以来经常使用的"耶路撒冷与雅典"并非其思想主线。迈尔的另一处态度坚决的表达见 GS-3, XXVI。

② Leo Strauss, *Spinoza's Critique of Religion*, trans. E. M. Sinclair, Schocken Books, 1965, p. 31.《斯宾诺莎的宗教批判》延续的是《雅可比哲学学说中的知识论问题》审理启蒙根基的思路,正如施特劳斯所言,雅可比(F. H. Jacobi)将斯宾诺莎批判提升到了应有的水平:启蒙就其本身而言立足于一种信念或道德决断。在《斯宾诺莎的宗教批判》1965年英译本序言中,施特劳斯更明确地说,"以信念为根基对任何哲学来说都是致命的"。见《斯宾诺莎的宗教批判》,页56。不过,在施特劳斯看来,雅可比并未在根本上超越启蒙的立场,而是仅仅以一种对立的道德信念与启蒙的道德信念对抗。在《雅可比哲学学说中的知识论问题》中,施特劳斯指出,雅可比将知识论置于信念之上的做法是一个"巨大的危险"。见《哲学与律法》,页129。关于雅可比的信念哲学,参 Frederick Beiser, *The Fate of Reason: German Philosophy from Kant to Fichte*, Boston: Harvard University Press, 1987, pp. 44—126。值得顺带提到,拜泽尔(Frederick Beiser)称其研究受益于施特劳斯对"泛神论之争"的梳理。关于施特劳斯与雅可比的关系,见 David Janssens, (转下页注)

问题的关键取决于能否获得一个超出启蒙视域的更原初、更少前提的思考方式。根据施特劳斯的自述,恰恰是在完成《斯宾诺莎的宗教批判》之后不久,阿维森纳(Avicenna)的《论科学诸部分》意外地引发了一场转向。直到《斯宾诺莎的宗教批判》,施特劳斯仍然没有摆脱一个"强有力的偏见":"回归前现代哲学(pre-modern philosophy)是不可能的。"①阿维森纳对柏拉图《法义》的解释,启发施特劳斯发现了一条经过迈蒙尼德(Mimonides)和阿尔法拉比(Al-Farabi)最终回到柏拉图式政治哲学的思想线索:1931年5月,施特劳斯在《柯亨与迈蒙尼德》(*Cohen und Maimunis*)中正式尝试通过回归前现代哲学克服"现代理性主义"造成的神学-政治困境。② 施特劳斯相信,从批判柯亨的新康德主义哲学开始,借助迈蒙尼德的中世纪理性主义走向柏拉图式政治哲学,有可能最终揭示一个理解人类生活基本问题的原初视

(接上页注)"The Problem of the Enlightenment: Strauss, Jacobi, and the Pantheism Controversy", in *Reorientation*, ibid., pp. 234—260。《雅可比哲学学说中的知识论问题》是施特劳斯的博士论文,延森斯(Davis Janssens)留意到施特劳斯附在论文中的一则手写笔记,其中说到,这篇论文"对雅可比的问题采取了非雅可比式的进路"——"我所呈现的并非雅可比本人,而是我所需要的雅可比"。正如施特劳斯在论文中所言,他所关注的是"以'雅可比'之名标示的问题",而非雅可比本人。关于"非雅可比式的进路",一种新近看法见 Rodrigo Chacón, "On a Forgotten Kind of Grounding: Strauss, Jacobi, and the Phenomenological Critique of Modern Rationalism", *Review of Politics* 76, 2014, pp. 589—618。

① Leo Strauss, *Spinoza's Critique of Religion*, p. 31.

② 对《柯亨与迈蒙尼德》的细致解释,见刘小枫,《施特劳斯的路标》,华夏出版社,2011年,页184—239。

域:一种针对启示宗教的苏格拉底式提问方式。

正是在从柯亨返回"犹太中世纪主义"的道路上,施特劳斯遭遇到古特曼的犹太中世纪主义。正如施特劳斯所言,古特曼对中世纪犹太哲学具有"非同寻常的高度兴趣"——《犹太哲学》全书共约360页,其中245页专门讨论中世纪犹太哲学,尤以迈蒙尼德为中世纪犹太教理性主义的典范;另一方面,《犹太哲学》最后一章正是对柯亨的批判性论述。因此,单从结构上看,古特曼的《犹太哲学》也展示出一条从柯亨的新康德主义观念论返回中世纪犹太哲学的道路。同时,古特曼返回中世纪犹太哲学也基于一个至少在形式上与施特劳斯一致的"哲学意图":借助中世纪哲学尤其是迈蒙尼德哲学突破现代启蒙造成的宗教困境。在"古特曼评论"中,施特劳斯说,

> 古特曼深知我们有向中世纪哲人学习的一切理由。为此,他最终甚至放弃讨论存在哲学,在这一点上他没有错,不是由观念论哲学向一种"新思想"的自然进步,而毋宁说是从最新的思想向古老思想的坚决回归,才能终结我们时代的困境。(页33)

然而,施特劳斯同样断定,当代犹太教几乎绝不可能凭借古特曼的"宗教哲学"应对启蒙以来的现代处境,相反,只有彻底瓦解古特曼本人的"宗教哲学",才有可能真正实现

古特曼的哲学意图。在施特劳斯看来,古特曼的科学的"犹太哲学"决定性地受制于施莱尔马赫以来的宗教哲学传统,并且最终以柯亨的文化哲学为根基,因此,这种"犹太哲学"最终不仅不可能真正解决犹太教的神学-政治困境,反而遮蔽了以原初方式理解哲学与启示的张力的可能。"古特曼评论"是施特劳斯尝试获得上述原初方式的重要努力,在这篇评论中,施特劳斯以一种"新的、未曾听闻的、超越现代的思想"与古特曼争辩,在施特劳斯看来,这种源于柏拉图的思想方式或许能消除现时代的困惑。

1. 古特曼与柯亨

一战以后,现象学哲学在德国知识界强劲崛起。在接受卡西尔(Ernst Cassirer)指导完成博士论文之后,施特劳斯在1922年来到弗莱堡(Freiberg),向同样身为犹太人的胡塞尔(Edmund Husserl)请教上帝问题:胡塞尔对上帝的存在不置可否,他的回答仅仅涉及一种现象学宗教哲学的可能性。①同一年,古特曼接替陶伯勒(Eugen Täubler)执掌柏林犹太科学研究院,决定承接后者为研究院确立的"犹太科学"研

---

① 施特劳斯在多年以后转述了胡塞尔当时的说法:"要是有一项关于'上帝'的材料,我们准会描述它。"施特劳斯,《剖白》,见《施特劳斯与古典政治哲学》,上海三联书店,2002年,页727。关于与胡塞尔的这次会面,施特劳斯意味深长地说:"也许是我自己不够成熟吧!"见《施特劳斯与古典政治哲学》,页726。

究路向。施特劳斯在"古特曼评论"中指出,古特曼犹太"宗教哲学"的哲学意图实际上在1922年发表的《中世纪和现代思想中的宗教与科学》一文中已经表达得十分清楚:

> 在这部著作末尾,他一方面明确指向康德,另一方面涉及施莱尔马赫,他认为"宗教哲学"的任务是就其"相对于知识和道德……的自主性"进行"宗教意识分析",更确切地说,是"划定宗教相对于所有其他对象领域和意识领域的界限,突出特有的宗教世界及其真理"。在以此确立"宗教哲学"的任务时,他似乎认为哲学的任务主要是理解被划分为不同"领域"的"文化"。但是,现在引人瞩目的是,尽管古特曼显然偏爱文化哲学,但他完全有意避免使用"文化"或"文化领域"这类措辞,而宁愿选择"有效领域"、"真理领域"、"对象领域和意识领域"这些更为正式从而更少先入之见的措辞。(页23)

对古特曼哲学意图的这段剖析表明,施特劳斯在1922年已经认识到古特曼"宗教哲学"的前景:尽管古特曼很早就对犹太教中世纪传统具有理论兴趣,但是,康德与施莱尔马赫已经在实质上划定了古特曼"宗教哲学"的全部理论可能,古特曼力求借助现象学构想一种在胡塞尔那里并未正式出现的"宗教哲学",以修正柯亨的观念论神学,①从而应对笛卡尔哲学引发的现代神学危机,但是,这种做法本身很可能进一步加深笛卡尔式的现代危机。在"古特曼评论"中,施特劳斯已经可以用"第二洞穴"来概括古特曼"宗教哲学"的问题性质。② 此时,施特劳斯向中世纪犹太哲学的回归已经获得了一个超出柯亨体系的坚实立足点——柏拉图的神法观念。何以要依据柏拉图的神法观念理解中世纪犹太哲学,这个意义上的"中世纪理性主义"对于理解和应对现代神学-政治问题究竟有何意义?

对于在新康德主义知识氛围中成长起来的古特曼和施特劳斯,柯亨哲学体系的重要性不言而喻,柯亨的宗教哲学代表当代犹太思想应对现代性危机的最深刻、最有系统的尝试,但这也意味着,对于魏玛时代的犹太思想而言,现代犹太哲学似乎已经在柯亨的体系中走到了尽头。因此,在形式上,对柯亨

---

① 关于胡塞尔对古特曼的影响,参 Julius Guttmann, *Philosophies of Judaism*, trans. David W. Silverman, New York: Anchor Books, 1966, p. ix。

② 施特劳斯在 1931 年 10 月 15 日致克吕格的信中说:"我现在又发现了第四个人,关于当今时代作为第二洞穴,此人跟我们意见一致:艾宾豪斯。见施特劳斯,《回归古典政治哲学:施特劳斯通信集》,朱雁冰译,华夏出版社,2006 年,页 23;译文据 GS-3 略有改动,后皆仿此。不久之后,施特劳斯在关于艾宾豪斯(Julius Ebbinghaus)的一则书评中首次提出了"第二洞穴"的概念,见 Leo Strauss, "Besprechung von Julius Ebbinghaus", GS-2, 439。不过,施特劳斯形成这一想法肯定早于 1931 年,在 1930 年的报告《当代的宗教状况》中,施特劳斯已经表达了这一想法。见列奥·施特劳斯,《犹太哲人与启蒙——施特劳斯讲演与论文集(卷一)》,刘小枫编,华夏出版社,2019 年,页 140—155。

的批判是施特劳斯与古特曼回归中世纪传统的自然起点,①当然,批判柯亨的前提在于,柯亨的宗教哲学由于其内在的重大缺陷无力应对犹太教的现代困境。至少,柯亨的体系已经无力阻挡韦伯"宗教社会学"在魏玛德国的胜利进军,德国精神再一次将依附于它的现代犹太思想抛入了窘境。

在新的时代精神下,古特曼力图通过批判柯亨使德国犹太思想站稳脚跟。《犹太哲学》就哲学意图而言直接来自《中世纪和现代思想中的宗教与科学》,古特曼将这个意图概括为"宗教在方法论上的内在价值"(页23),从这一点出发,古特曼可以忽略无关紧要的枝节,揭示柯亨体系的核心缺陷:柯亨体系的方法论基础使柯亨直到最后也无力肯定上帝的实在性(Realität)。②在柯亨的观念论神学中,上帝本质上被还原为一个"观念",一个意识的规定,因此,虽然柯亨力求通过对康德的修正保留犹太教的独特性,但是,在柯亨这里犹太教的独特性本质上仍然是"宗教假设"(Religiöse Postulate)——上帝的一神性、犹太教的弥赛亚主义都必须在康德的普遍伦理学中理解。③ 所以,作为

---

① 施特劳斯博士论文的意图之一就是批判包括卡西尔在内的新康德主义学派,尤其是其文化哲学主张,见 Corine Pelluchon, *Leo Strauss and the Crisis of Rationalism:Another Reason, Another Enlightenment*, trans. Robert Howse, New York: State University of New York Press, 2014, p.31。

② 《哲学与律法》,页31。另见 *Philosophies of Judaism*, p.415。

③ Andrea Poma, "Hermann Cohen: Judaism and Critical Idealism", in *The Cambridge Companion to Modern Jewish philosophy*, ed. Michael L. Morgan and Peter E. Gordon, Cambridge: Cambridge University Press, 2007, pp.80—101, esp. pp.88—89。

犹太教独特核心的宗教性的"犹太意识",本质上只是康德观念论伦理学的"先导",是先知时代的康德伦理学。不过,对于柯亨而言,现代"德国精神"恰恰源于这种伦理的犹太教,只要作为"犹太性"的"犹太意识"致力于一种观念论转化,犹太教就能最终实现其完成形式——以观念论伦理学为内核的现代犹太教。在《德国性与犹太教》(*Deutschtum und Judentum*)中,柯亨形象地表达了犹太教与启蒙的现代德国完全调和的可能,他相信犹太人与德国人具有共同的文化精神,在德国精神的康德式的观念论转化中,德国犹太教的现代危机将最终得到解决。① 柯亨解放现代犹太人的方案最终依赖于彻底获得普遍伦理意识的现代主体。

柯亨体系的核心缺陷可以用另外一种方式表达:柯亨的宗教哲学仅仅涉及"宗教经验"的主观方面,对于宗教经验的"客观方面"——尤其是"宗教对象的真实特质"——柯亨的体系无能为力。柯亨最终将启示的、超越的上帝内在地还原为伦理意识的规定,对于古特曼而言,柯亨的上帝观念清楚地体现了现代哲学相对于中世纪哲学的"根本缺陷",因为,现代哲学无力肯定一个作为外在自然创造者的上帝。柯亨的新康德主义神学在一战中遭到沉重打击,魏玛共和国建

---

① H. Cohen, "Deutschtum und Judentum: Mit grundlegenden Betrachtungen über Staat und Internationalismus", in *Jüdische Schriften* vol. 2, ed. Bruno Strauss, Berlin: Schwetschke, 1924, pp. 237—301.

立这一年,正与罗森茨维格共同筹建柏林犹太科学研究院的柯亨离世……让魏玛共和国的犹太人感到困惑的是,已经获得公民权的犹太人实际上遭受的歧视正在加剧。宗教如今已是私人事务,共和国既没有理由干预德国人对犹太人日益增加的敌意,也没有理由以国家的名义引导一种对犹太人真正抱有好感的"文化",相反,对任何人怀有敌意乃是自由的德国人有权拥有的私人感情。

不过,对于古特曼和施特劳斯而言,即使柯亨的社会自由主义方案在现实层面行得通,它也并非对德国犹太人危机的恰当解决,相反,这恰恰意味着在根本上丧失"犹太性"。古特曼清楚地看到,柯亨的方案最终意味着用观念化的"德国性"瓦解"犹太性",在还原为伦理原则的上帝观念中,上帝的"客观方面"丧失殆尽。然而,更为困难的问题在于,柯亨的失败并不意味着有充分的理由选择诸多更为激进的解决方案,事实上,1933年的古特曼和施特劳斯都很清楚,柯亨本身已经显明了现代犹太人危机的根源——启示与启蒙的冲突。古特曼意在超越柯亨的体系,在启蒙的时代处境下保存犹太教的"犹太性",然而,犹太教的"犹太性"难道不是最终源于对上帝的启示信仰,正统的犹太信仰难道不是信仰一个同时作为外在自然与内在灵魂创造者的上帝?如今,一切正统的犹太信仰都面临柯亨的体系所揭示的根本困难:几乎不可能在启蒙的法庭前为犹太信仰的启示根基和创世学说作出可靠的辩护,几乎

不可能针对启蒙的真理证明启示的真理。在《哲学与律法》的导言中,施特劳斯对于正统与启蒙的对立给出了一段著名结论:

> 最终,正统抑或无神论的抉择被揭露为正统抑或启蒙这一抉择的"真理"。这就是正统以敌对之眼从一开始就认识到的情形。从今往后,即使正统的敌人也不会否认这一点。由此造成的处境,这一现代处境,对于这样的犹太人似乎没有出路:他不可能成为正统派,却又必须承认,只有在无神论的基础上才可能的"犹太人问题解决方案",这种无保留的政治犹太复国主义,是一种尽管最可敬但长远看来当真并不充分的解决。这一处境不仅看上去没有出路,而且,只要坚持诸多现代前提,就真的没有出路。(页20)

正是这种既不可能成为正统派、又不可能寄希望于政治犹太复国主义的处境——亦即正统与启蒙的两难抉择——使施特劳斯决定转向迈蒙尼德的中世纪理性主义。另一方面,古特曼基于自己对启示与启蒙之对立的理解,尝试借助中世纪犹太哲学克服现代犹太思想的困境,古特曼相信,从已经走到尽头的柯亨体系转向迈蒙尼德式的中世纪哲学,可以建构一种更完整乃至更完善的"犹太科学",以超越现代犹太思想的两难处境。

2. 从"新思想"到"宗教哲学"

1917年,身在一战前线的罗森茨维格给柯亨寄出一封信,希望后者支持他尽快在德国建立一所独立的犹太学术研究机构。罗森茨维格认为,19世纪以来兴起的"犹太科学"(Wissenschaft des Judentums)过多地受到德国历史意识的浸染,德国大学的现行体制也并不适合指导当代犹太人的信仰和生活。他希望犹太学术以更直接的方式为当代犹太人服务,从而在现代处境下为德国犹太人重建"拉比"传统。尽管柯亨在第二年去世,柏林犹太科学院仍然在罗森茨维格和柯亨的支持下建立起来,不过,科学院的第一任掌门人是以"性格犹疑"著称的陶伯勒,陶伯勒改变了罗森茨维格建立现代拉比传统的初衷,他为科学院制定了以历史学为主导的科学的犹太学问研究路向,意在使犹太科学尽快达到现代德国学术的水平。到古特曼继任执掌科学院之时,罗森茨维格已经因为与陶伯勒的分歧愤然出走……①

罗森茨维格力求使犹太思想摆脱德国学术的历史学倾

---

① 关于柏林犹太科学研究院的创建与演变史,以及罗森茨维格与陶伯勒的分歧,参 David. N. Myers, "The Fall and Rise of Jewish Historicism: The Evolution of the Akademie für die Wissenschaft des Judentums (1919—1934)", *Hebrew Union College Annual* 63, 1992, pp. 107—144。施特劳斯与肖勒姆的通信表明,他对陶伯勒的学问和人品评价很低。

向,这种做法的哲学基础在他的"新思想"(neue Denken)中充分表达出来。与陶伯勒相比,古特曼更有能力在哲学上回应罗森茨维格,事实上,无论对于古特曼还是施特劳斯,罗森茨维格的"新思想"仍然是一种以犹太教形式体现出来的旧思想。如果说柯亨的上帝观念源于康德的观念论,"新思想"对于上帝存在的"直接经验"则源于施莱尔马赫所开创的现代宗教哲学传统。同时,施特劳斯相信,古特曼清楚地看到,罗森茨维格的"新思想"未能突破施莱尔马赫宗教哲学的固有难题,而且,古特曼力求借助中世纪犹太哲学对施莱尔马赫有所突破,不过,施特劳斯同样相信,古特曼由于其固有的立场未能彻底摆脱施莱尔马赫神学引发的难题。①

施莱尔马赫神学的主要观点在1799年出版的《论宗教》(*Über die Religion*)中得到了集中表达,《论宗教》副标题是"对蔑视宗教的有教养者的讲话"(Reden an die Gebildeten unter ihren Verchätern),矛头指向康德和费希特。施莱尔马赫意在反击由康德哲学奠定的神学范式,建立一种能够克服

---

① 阿多里西奥(C. Adorisio)忽略了古特曼超越施莱尔马赫的意图。古特曼的努力最终并未成功的原因不在于对施莱尔马赫缺乏必要的反思,而在于古特曼未能从根本上突破"文化哲学"的视域,参 C. Adorisio, "Philosophy of religion or political philosophy?: The debate between Leo Strauss and Julius Guttmann", *European Journal of Jewish Studies* 1, 2007, pp.135—155。关于笛卡尔与康德的主体哲学作为古特曼与施莱尔马赫宗教哲学共同的最终困境,参 Samuel Moyn, "From Experience to Law: Leo Strauss and the Weimar Crisis of the Philosophy of Religion", *History of European Ideas* 33, 2007, pp.174—194。

康德神学缺陷的新神学。全书核心是第二讲"论宗教的本质"("Über das Wesen der Religion"),施莱尔马赫在这里揭示了新神学的根本要点:

a. 宗教(宇宙、上帝)本质上建基于直观(Anschauen):"对宇宙的直观(Anschauen des Universums),我请你们熟悉这个概念,它是我整个演讲的关键,它是宗教最普遍的和最高的公式,你们可以在我讲演的每个地方发现这个概念,宗教的本质和界限(ihr Wesen und ihre Grenzen)可以据此得到最准确的规定。"①

b. 对上帝的直观完全不以思想(康德式的知性或实践理性)为中介,宗教的全部根基是个别的、直接的直观对宇宙的**直接经验**(*unmittelbaren Erfahrungen*);施莱尔马赫宣称:"这就是宗教。"②

凭借一种最终以"经验"为绝对基础的上帝观念,施莱尔马赫在后康德时代开创了一个"内在化"的现代神学传统,这个传统从一开始就具有将"神性"收归"人性"的倾向,③因此,施特劳斯和古特曼都清楚地看到,无论是作为其基督教形式的存在

---

① Friedrich Schleiermacher, *Schleiermacher Werke*, *Bd.* 4, Leipzig: Felix Meiner, 1928, p. 243.

② 同上,页245。

③ 奥托(Rudolf Otto)的《论神圣》(*Das Heilige*)使施特劳斯进一步确信现代神学传统的"内在化"缺陷,从而在1920年代早期就突破了新教神学的视域,参施特劳斯对奥托《论神圣》的书评,见 GS-2, 307—310。

主义神学,还是作为其犹太教形式的罗森茨维格的"新思想",实质上都是施莱尔马赫神学更为激进的表现方式。① 所以,从柯亨的新康德主义神学向罗森茨维格和存在主义的推进,实质上不过是在重演施莱尔马赫力求实现的对康德宗教哲学的推进。于是,随着"新思想"和存在主义神学将施莱尔马赫的"内在化"传统进一步推向极端,施莱尔马赫当初以之克服康德神学的"人性"概念的内在"难题"也被推向了极端:

> 人性本身对你们而言就是真正的宇宙,其他的一切只有当它们同人性有关联并环绕人性时,你们才把它们算作是这个宇宙。②

---

① 关于罗森茨维格"新思想"与存在主义的关系,洛维特(Karl Löwith)的研究具有开创意义。洛维特敏锐地探察到罗森茨维格的"新思想"与海德格尔的"新思想"之间"并不广为人知"的联系:这一联系的共同基础是,两者都力求摆脱实证主义和德国观念论传统,使人的思考从此在的"实际状态"(Faktizität)出发,Karl Löwith, *Heidegger-Denker in Dürftiger Zeiter: Zur Stellung der Philosophie im 20 Jahrhundert*, Stuttgart: Metzler, 1990, p. 72。施莱尔马赫对海德格尔存在论的影响十分深刻,海德格尔极为看重施莱尔马赫的《论宗教》,甚至在一次聚会场合朗诵过《论宗教》,内容正是第二讲"论宗教的本质"。关于"宗教经验"对于早期海德格尔现象学的建构意义,见 Theodore Kiesel, *The Genesis of Heidegger's Being and Time*, Oakland: University of California Press, 1995, pp. 80—108。同时,海德格尔哲学受到新教神学的深刻影响,这一点对于理解施特劳斯的海德格尔评价十分重要。施特劳斯对海德格尔的一个关键批评涉及的正是海德格尔与圣经传统的关系,施特劳斯认为海德格尔的此在解释因受制于"圣经传统"而在哲学上不够彻底,见 Leo Strauss, *Spinoza's Critique of Religion*, p. 12。

② *Schleiermacher Werke*, Bd. 4, p. 264.

倘若犹太教独特的"犹太性"正是肯定一个外在的、超越的上帝,或者说,倘若正统信仰的根基正是在启示中现身的上帝与外在世界的创世关系,那么,无论是凭借罗森茨维格的"新思想",还是从"新思想"上溯到施莱尔马赫的"直接经验",都无法挽救在柯亨那里已经丧失的犹太教的"客观方面",从而使正统信仰真正站稳脚跟。

正是在这个意义上,施特劳斯相信,古特曼已经清楚地看到柯亨相对于罗森茨维格的优越性,"存在主义甚至失去了对创世学说原初含义的记忆"(页31),相反,尽管柯亨神学具有康德道德神学的固有缺陷,

> 但是,多亏与康德的联系,观念论哲学最清楚地记得"创世思想",尽管它"不(会)立即从神学上解释世界的起源",但它仍然首先涉及"上帝与世界的关系",上帝与外在于人的自然的关系。柯亨超出了其他所有人,不仅不容许模糊这一事实,而且甚至将它作为其神学讨论的起点:这种(当然只有从道德意识出发才能真正理解的)上帝观念与自然的"因果存在"有必然联系。因此,这表明观念论哲学在一个决定性的、甚至可以说唯一决定性的要点上优于存在主义:它由于对创世学说原初含义的记忆而优于存在主义。(页31)

不过,一个十分清楚的事实仍然是,对于创世学说的原初含

义,柯亨"只是尚且记得,却不再相信了",用古特曼的话说,柯亨无力"将上帝作为事实来理解"。因此,正是当代宗教哲学的内在困境,必然要求古特曼从柯亨开始,越过康德和施莱尔马赫的神学传统,回到那种更有能力肯定上帝观念"客观方面"的中世纪犹太哲学。然而,施特劳斯现在要表明,由于在根本上几乎全盘受制于现代哲学的诸多前提,古特曼对中世纪犹太哲学的回归本质上并非对中世纪理性主义真正原初地回归,它事实上无力借助对中世纪理性主义的理解将启示与启蒙的对立还原到一种原初的、自然的提问方式中。

古特曼认为,由于中世纪理性主义不是以认识论为取向,而是以形而上学为取向,因此,中世纪犹太哲学更有能力在自然学与形而上学上考虑上帝的实在性,这种肯定上帝"客观方面"的"有启示信仰的理性主义"构成了中世纪犹太哲学的独特成就。然而,对于这种"有启示信仰的理性主义",古特曼认为应该在下述问题意识中加以理解:对于与科学意识相对的宗教意识的独立性,以及与宗教意识相对的科学意识的独立性,它"第一次提出了应该如何维护两者,从而将这两种独立性结合在一种真理意识的统一性中"的问题(页47)。在这个意义上,古特曼回归迈蒙尼德的真正哲学意图是基于对真理意识的内在划分寻找一种协调启示与理性的可能。

因此,古特曼实际上拒绝以非反思的方式真正接受中世纪哲学对启示宗教"客观方面"的肯定,事实上,古特曼所寻求的是对上述肯定性"宗教意识"的描述和分析,因此,古特曼"犹太科学"的方法论根基所要求的是一种"宗教意识分析",而非重建"宗教意识"本身或者像中世纪哲人那样肯定在"宗教意识"中被给予的客观上帝。在施特劳斯看来,古特曼的做法实际上"以抛弃对启示权威的信仰为代价"(页27),究其根本而言,古特曼同样无力肯定上帝的实在性。古特曼的"宗教意识"是施莱尔马赫的"宗教经验"的对应物,由于对宗教意识的分析以"宗教意识"为前提,所以,在古特曼这里"神性"最终仍然以"人性"的某个部分为中介和场所,是在"人性"中被给予的东西。

对于施特劳斯而言,古特曼显然未能在实质上突破施莱尔马赫神学的固有难题。事实上,由于施莱尔马赫的宗教"经验"在决定性的方面受制于康德的"经验"概念,因此,它是在宗教领域对康德知识论的完成,而非对康德的彻底突破。康德批判哲学对知识领域的划分,是柯亨新康德主义文化哲学的决定性来源,虽然古特曼有意避免用"文化领域"界定宗教,但是,"有效领域"、"真理领域"这类措辞已经表明,古特曼"宗教哲学"的最终方法论根基仍然是柯亨的体系。对于正统与启蒙的抉择,古特曼希望凭借宗教意识与科学意识的划分加以调和,这一做法完全停留在启蒙的视域内。对于古特曼而言,在后启蒙时代接受启示的权威已经不再可能,事情的关键在于宗教与科学各自意识到自身的"有效领域"和"真理领域",即使这必然以"放弃对启示权威的信仰为代价,以犹太教'生活方式'的巨大牺牲为代价"。因为,古特曼的信念是:

> 对犹太教的科学认识,恰恰是犹太教的自我确证行动。犹太教在现代世界受到前所未有的威胁——这毫无疑问;然而,与其说犹太教的科学的自我认识是它的病症,不如说这是减轻甚至治愈此病的最佳方法。犹太教无法通过必然是幻想式地退回到反思背后,而只能通过将反思本身坚决贯彻到底来克服危险,犹太教陷入这种危险是由于反思对原初性的胜利:从今往后,只有最不原初、最不天真的提问才适合保存原初事物。(页 27)

3. 中世纪的柏拉图派

古特曼无疑属于自 19 世纪真正兴起的"犹太科学"在当代的伟大代表,然而,他的"问题提法"决定性地受制于康德、施莱尔马赫甚至韦伯的启蒙视域。[①] 在《犹太哲学的古今之争》中,施特劳斯说到,古特曼诚然希望以理性方式保存犹太传统,但是,他毫不犹豫地将这个任务交给了作为宗教

---

① 关于古特曼与韦伯,参 Philipp von Wussow, "Leo Strauss and Julius Guttmann: Some Remarks on the Understanding of Philosophy and Law", *Idealistic Studies* 44, 2014, pp. 297—312。

意识分析的"宗教哲学",结果,"宗教真理问题作为理论的真理意识与宗教的真理意识之间的相互关系就成了'宗教哲学'的核心问题",中世纪哲学则是这个意义上的"宗教哲学"的"萌芽":

> 所以,他的描述给人的印象是:对于中世纪的理性主义者而言,传达真理而非宣示律法,才是启示的首要目的。而且,因为在这些理性主义者看来,启示所传达的真理,无助的理性也可以获知,如此便产生了更为可疑的印象:这些哲人最终确实将一种纯粹的民众教育意义归于了启示,而启示为共同体奠基、为国家奠基(staatsgründende)的意义,在古特曼那里,则变成了一种次要目的。因此,由于这种对中世纪哲人的主导思想的误判,正是古特曼的现代式问题提法的后果,而执着于这种问题提法,又是一种信念的后果:现代哲学对于中世纪哲学具有某种优越性。所以,我们想指出,中世纪哲学史家的正确做法应该是,至少启发式地假定中世纪哲学无条件地优于现代哲学。(页54)

中世纪哲学如何可能"**无条件地优于现代哲学**"?根据思想史家对中世纪哲学的看法,以迈蒙尼德和阿尔法拉比为代表的中世纪哲人是亚里士多德哲学的传人——他们是犹太和伊斯兰的亚里士多德派,倘若如此,施特劳斯岂不在说,亚里士多德哲学无条件地优于现代哲学?

从1925年至1928年,施特劳斯在犹太科学院完成了一项关于斯宾诺莎的研究,亦即后来学界熟知的《斯宾诺莎的宗教批判》。① 1930年1月7日,施特劳斯写信告诉克吕格,迫于科学院的压力,他不得不在书中"对某些情况保持沉默":②

> 我想向您说明我的思考固有的核心,它部分出于前已提到的理由,部分出于俗话所称的"无可奈何"而在书中没有充分明确地强调。这就是:启蒙(Aufklärung)怎么居然可能取得胜利?③

1931年,克吕格在关于《斯宾诺莎的宗教批评》的书评中表明:这部作品的意图是对启蒙的**根本讨论**,"启蒙本质上将自身理解为对启示宗教的批判",但是,启蒙针对启示宗教的激进态度并非哲学面对启示的**自然**态度。

哲学是人凭靠自身获取真理的最根本方式,在哲学面对

---

① Leo Strauss, *Die Religionskritik Spinozas als Grundlage seiner Bibelwissenschaft: Untersuchungen zu Spinozas Theologisch-politischen Traktat*, 见 GS-1, 1—361。中译本见列奥·施特劳斯,《斯宾诺莎的宗教批判》,李永晶译,华夏出版社,2013年。

② 《回归古典政治哲学》,页6。这封信在施特劳斯早期思想研究中普遍受到重视,施特劳斯在信中"更清楚地"说明了《斯宾诺莎的宗教批判》的哲学意图,包括其"无神论"前提。

③ 《回归古典政治哲学》,页6。

的所有挑战中,启示的挑战最根本,也最彻底——以自然理性为全部依托的哲学,究竟应该对启示采取何种态度,自然理性*就其自身而言*应该如何对待启示宗教?

在《斯宾诺莎的宗教批判》中,施特劳斯以迈蒙尼德与斯宾诺莎对峙,这场对峙的实质是亚里士多德科学与笛卡尔科学的对峙。根据施特劳斯此时的看法,迈蒙尼德思想以亚里士多德式科学为基础,对于迈蒙尼德来说,世界的明显秩序指向创世的可能,同时,先知灵魂中的"想象"部分使他们可以经由能动理智接受上帝的启示。如果这种亚里士多德式科学优于笛卡尔-斯宾诺莎式的现代哲学,那么,与斯宾诺莎对启示的激进批判相比,迈蒙尼德"对哲学与启示的调和"似乎更有道理。但是,施特劳斯在《斯宾诺莎的宗教批判》中承认,迈蒙尼德并不认为亚里士多德式科学可以最终证明创世和启示的真实性——"迈蒙尼德哲学原则上并且整体上基于犹太教",基于历史传统所认可的启示。① 这种不成功的托马斯主义调和路线让施特劳斯感觉到,"回归前现哲学是不可能的"。②

阿维森纳的《论科学诸部分》在柏林国家图书馆让施特

---

① Leo Strauss, *Spinoza's Critique of Religion*, p. 164.
② 关于施特劳斯的"迈蒙尼德回归",见 Kenneth Hart Green, *Jew and Philosopher: The Return to Maimonides in the Jewish Thought of Leo Strauss*, Albany: State University of New York Press, 1993。关于《斯宾诺莎的宗教批判》对迈蒙尼德的理解及其困难,见 *Jew and Philosopher: The Return to Maimonides in the Jewish Thought of Leo Strauss*, pp. 67—92。

劳斯恍然大悟,中世纪哲人在根本上不是亚里士多德派,而是柏拉图派!这件事情的根本原因在于:以阿尔法拉比和迈蒙尼德为代表的中世纪哲人对哲学自身采取了柏拉图的理解,正是由于这种理解,中世纪哲学才成为"有启示信仰的理性主义"。

在《哲学与律法》中,施特劳斯使迈蒙尼德向其伊斯兰前辈靠拢,施特劳斯此时认为,迈蒙尼德与伊斯兰亚里士多德派的先知论在本质上是一致的,只有理解了以阿尔法拉比为代表的先知论,才能恰当地理解迈蒙尼德的先知论。正是在先知论中,启示成为哲学研究的主题,中世纪的伊斯兰亚里士多德派正是在先知论中以哲学方式奠定了启示的正当性。可是,问题恰恰在于,中世纪哲人为什么要为启示奠定正当性?

施特劳斯发现,伊斯兰亚里士多德派之所以接受启示,是因为他们相信哲人就其自身而言*需要*启示:正是柏拉图哲学——而非亚里士多德哲学——让他们理解了这种需要。施特劳斯对这种需要的解释,导向了《哲学与律法》的根本结论。根据施特劳斯的看法,伊斯兰亚里士多德派相信,哲人可以凭借自然理性认识先知传达的所有*理论真理*,但是,哲人在一件至关重要的事情上需要先知:哲人需要先知的律法。伊斯兰的亚里士多德派认为,人在本性上是政治动物,因而需要针对共同生活的律法:

事实上,有两种律法,从而也有两种立法者:第一种律法的任务,无非是使一种和平的共同生活成为可能,从而只针对身体的幸福;而第二种律法不仅以身体幸福为目的,也同时以灵魂的幸福即完美为旨归。第一种律法是人性的律法。与此相对的律法,以灵魂的完美,更准确地说,以理智的完美为旨归,而且只为了这种人所特有的完美,并以此为前提,才追求身体安康,这种律法是**神性的**律法,它的宣告者只可能是**先知**。然而,先知无法为理智的完美给予正确指示,换句话说,先知无法唤起并教育适合从事哲学的人来研究哲学,除非他本人就是哲人。因此,先知必须**也**是哲人。事实上,如果由先知所给予的律法要对所有哲人都具有约束力,那么,先知就必须拥有完全的哲学洞见。但先知应当不啻是哲人;因为哲人本身不适合当立法者,因为立法的技艺以想象力的完美为前提,这种想象力不仅不是哲人的标志,亦非哲人所必需,相反,它甚至会妨害哲人。所以,先知是集导师和管理者、哲人和立法者于一身的人。而且,因为若无预知未来和行神迹的能力,先知就不可能成为管理者,所以,先知是集哲人-立法者-预言家-行神迹者(Philosoph-Gesetzgeber-Seher-Wundertäter)于一身的人。(页51—52)

在伊斯兰亚里士多德派看来,哲学生活是人的最高生活,但是,人要过这种生活,需要一个不仅以身体的幸福为目的、也同时以理智的完善为目的的共同体,对于这种共同体的律法,哲人尽管能够认识其"整体原则",却不能给予"具体的个别规定"并将它们神圣化。

在施特劳斯看来,律法观念才是中世纪哲学的"主导观念",引导中世纪律法观念的则是"原初的、古典的、作为统一而又整全的人类生活秩序的律法观念"——中世纪的伊斯兰和犹太哲人归根结底"都是**柏拉图的**学生,而非基督的门徒"(页54—55)。从整全的人类生活秩序出发,柏拉图考虑到以理智的完善为目的的城邦对神法的需要,从而考虑到哲人与神法的关系,正是凭借柏拉图的观念,中世纪哲人形成了对先知及其启示的看法:

> 按照伊斯兰亚里士多德派的学说——此学说尤其经迈蒙尼德移植而进入了犹太教,先知作为集哲人和立法者于一身的人,就是某种律法的宣告者,而律法的目的在于人所特有的完美。然而,任何律法都以使共同生活成为可能为目的。因此,先知是某一致力于人的真正完美的社会的缔造者,故而先知也是理想国家的缔造者。理想国家的典范式构想是柏拉图式的城邦(Staat)。(页55)

由此可以清楚地看到,中世纪哲人理解人类生活和哲学自身的"最高视角"是柏拉图哲学,而非亚里士多德哲学。

施特劳斯断言,伊斯兰亚里士多德派及其犹太后学在根本问题上追随柏拉图,中世纪哲人与柏拉图的最大差异仅仅在于:中世纪哲人相信,柏拉图最初针对神法在理论上所作的预示,在先知借助启示创立的国家中成为了现实,有预言能力的先知实现了柏拉图最初只能在理论上构想的国家。正如施特劳斯所言,伊斯兰亚里士多德派甚至明确以柏拉图哲学为纲领理解先知的律法,"他们将先知理解为柏拉图式的城邦的缔造者,理解为柏拉图式的哲人-王"(页55)。启示的现实性使中世纪哲人的律法哲学不再具有"柏拉图政治学的尖锐、纯朴、深刻与模棱两可"(页57),柏拉图最初就此进行的追问和探索被中世纪哲人"抹掉了",由于这个原因,这些哲人被误认为亚里士多德派,而非柏拉图的学生——只是以柏拉图的政治哲学为前提,中世纪哲人才能在律法之下安心探究自然学和形而上学真理……

施特劳斯的"古特曼评论"完成于1933年9月,本来打算留到身后发表,几经犹豫之后,施特劳斯在1934年将文章寄给了古特曼本人。结果出人意料,古特曼为此欣喜,并且愿意尽力促成文章的发表。为了到耶路撒冷的希伯来大学找工作,施特劳斯在1935年将三篇原本相互独立的文章集结起来,并且补写了一篇"导言",以《哲学与律法》为题公开发表。这使我们有机会清楚地看到施特劳斯到1935年为止的思考,此时,施特劳斯已经摆脱了《斯宾诺莎的宗教批判》

面临的根本思想困境,借助柏拉图对整全人类秩序和美好生活的理解,施特劳斯突破了对前现代思想的亚里士多德式理解,从而终于确信:前现代思想决定性地优于现代思想,回归前现代思想不仅必要,亦有可能。

不过,要彻底理解施特劳斯的《哲学与律法》,仍然需要考虑两个至关重要的问题。倘若以阿尔法拉比和迈蒙尼德为代表的中世纪理性主义者本质上以柏拉图的政治哲学看待启示宗教,那么,这种看法已经不再是正统观点;至少在肖勒姆眼中,《哲学与律法》的根基是一种**无神论**立场。《哲学与律法》出版六周以后,施特劳斯致信当时在巴黎的科耶夫,让他特别留意此书"**大胆的**""**导言**"——信中说道:"我觉得,这是我写过的最好的文字。"在《哲学与律法》的"导言"中,施特劳斯最大胆的文字恰恰针对最根本的问题:正统的创世和奇迹只是犹太教传统中的"**冒险之言**",在传统的代表者迈蒙尼德这里,这些冒险之言是**极端**情况,而非犹太教的基础(页7—8)。

这篇大胆的"导言"表明,1935年的施特劳斯对启示宗教已经采取了一种比较激进的理性主义观点。施特劳斯最初在1931年的《柯亨与迈蒙尼德》中开始表达这种观点,在《哲学与律法》中,施特劳斯延续了这一观点——《哲学与律法》第三章"律法的哲学奠基——迈蒙尼德的预言学说及其来源"成文仅比《柯亨与迈蒙尼德》晚两个月。在"律法的哲学奠基"中,施特劳斯几乎原样重复了《柯亨与迈蒙尼德》的一个关键段落：

> 人的幸福和真正的完美在于纯粹的沉思和理解，在这一点上柏拉图的学说不比亚里士多德更少具有确定性。柏拉图与亚里士多德的根本差异，仅仅在于他们将理论作为人的最高完美时采取的方式。亚里士多德赋予它完全的自由；更确切地说：他为它保留了其自然的自由。相反，柏拉图**不允许**哲人做"他们如今被允许之**事**"，亦即将哲学生活作为在对真理的直观中打坐。他"**强迫**"他们为别人操心并看护别人，以使国家成为现实的国家、真正的国家（《王制》519D—520C）。① 在对美、正义和善本身的直观中，哲人使自己超出感性世界之上，他生活并且愿意生活在直观中，建国者的命令——它首先考虑整体的秩序而非部分的幸福——将哲人召回（zurückgeholt）国家中，并绑回（zurückgebunden）在国家上。（页119）

正是施特劳斯对迈蒙尼德的理解，引出了我们要在此考虑的第二个问题。如果说中世纪哲人都是柏拉图政治哲学的学生，那么，直到1935年，施特劳斯都尚未弥合迈蒙尼德与伊斯兰哲人之间的一道裂缝：

---

① 《王制》（Republic）又译《理想国》。

关于迈蒙尼德的先知论,尤其需要澄清的是:其中处处透露出来的政治倾向,何以没有像伊斯兰亚里士多德派的先知论那样,以同样的方式淋漓尽致地表现出来;这一事实的缘由正在于:与其伊斯兰导师不同,对于迈蒙尼德而言,启示还具有传达教诲的功能,而理性无法充分保证做到这一点。(页58,参页44—46、89—93)

这个段落表明,施特劳斯此时仍然为迈蒙尼德保留了启示作为理论真理的意义。然而,在1935年以后,施特劳斯笔下的迈蒙尼德迅速向阿尔法拉比靠拢,在1936年的《关于阿尔法拉比和迈蒙尼德政治学的几点评论》和1937年的《论阿布拉法内尔的哲学倾向和政治学说》中,施特劳斯几乎彻底否定了启示对于迈蒙尼德的理论意义。1938年初,施特劳斯写信对克莱因(Jacob Klein)说,"只有法拉比和迈蒙尼德是天才",在接下来一个段落中,施特劳斯说道:

迈蒙尼德越来越令我兴奋。他是一个真正自由的人物。他自然并不相信关于哲学源于犹太教的传说。那么,摩西对他而言是什么呢?这确实很难说。他认为,关键问题并非创世或世界永恒说(因为他确信世界永恒说),而在于理想的立法者是否必然是先知。对此一问题他是否定的,正如在他之前的法拉比和与他同时的阿威洛伊所做的那样。①

迈蒙尼德否定理想的立法者必然是先知!如此一来,施特劳斯不仅取消了启示对于迈蒙尼德的理论意义,也取消了它对于迈蒙尼德的实践意义。难道启示律法不是柏拉图的神法?过了不到一个月,施特劳斯写信对克莱因说,"我的迈蒙尼德研究进展很大":

> 你无法想象,迈蒙尼德是以怎样一种达于极致的细腻笔触和嘲讽口吻论说"宗教"的:对圣殿中因众多牺牲而产生的臭味的描写,在整个伏尔泰的著作中也找不到可与之比拟者,更有对其他千百种事物的描写。人们之所以读不懂迈氏的作品,只是因为没有考虑到他是阿威洛伊派这种可能性:如果考虑到这一点,一切难题原则上便会立即迎刃而解。如果我在几年以后(倘若我还能活到那时的话)让这枚炸弹起爆,便会产生一场巨大斗争。②

这一年夏天,还是在写给克莱因的信中,施特劳斯说,迈

---

① 《回归古典政治哲学》,页255。
② 同上,页270。

蒙尼德以更高的标准实现了尼采在《扎拉图斯特拉如是说》中对圣经的戏仿,这种戏仿事实上包含"对托拉的**彻底批判**",①是一种天才的嘲讽。施特劳斯随后动情地说,这位12世纪的魔法师为他酿制的苦酒,他只能一勺勺喝下,"正如异教徒所说,fata nolentem trahunt[命运总是拖着那些不情愿的人走],Esto[甘愿如此]!"②

正是在1938年,施特劳斯以极为精妙的笔法写下了《迈蒙尼德〈迷途指津〉的文学性质》,1952年,施特劳斯将此文收入了《迫害与写作艺术》——《迫害与写作艺术》的主题已经是哲人如何应对政治社会的恒久危险,施特劳斯也会用"哲学与社会的关系"表达哲学与宗教的关系。在这一年6月22日致肖勒姆的信中,施特劳斯说:

> 可以说,针对古特曼的温和理性主义,我曾经走在超越犹太托马斯主义通向激进"理性主义"的道路上,所以我现在处在右翼(因为右边是真理,左边则是可疑的[sinister],没人比您更明白了),而在《哲学与律法》中我站在左翼:古特曼始终在中间。(现在,我试图向一种温和的理性主义迈进,不过,我担心这比从前的两种立场更难令古特曼接受。)③

---

① 《回归古典政治哲学》,页274。
② 同上,页275。
③ 同上,页379。

经过多年的激进理性主义思考,施特劳斯在1950年代开始"向一种温和的理性主义迈进"。不过,关于这种温和理性主义的确切含义,人们的探索仍然面临非凡的困难。

二、困惑时代的"先知"

——罗森茨维格与犹太教的现代困境

1919年初,刚从一战前线回国的罗森茨维格完成了《救赎之星》,在这部20世纪犹太思想的扛鼎之作中,罗森茨维格寄托的宏大抱负是:凭借一种"新思想"(neue Denken)从根本上应对犹太教的现代危机。巧合的是,新教神学家巴特(Karl Barth)的《罗马书释义》也在同一年问世,与罗森茨维格共同掀起了一场意义深远的神学复兴运动……

二战结束不久,为了向北美宗教界和知识界引介罗森茨维格,著名犹太学家格拉策(Nahum Glatzer)出版了一部关于罗森茨维格的英文资料汇编,题为《罗森茨维格:生平与思想》(*Franz Rosenzweig: His Life and Thought*, Schocken Books, 1953)。① 格拉策早年在德国是罗森茨维格的学生和助手,

---

① 中译本见纳胡姆·格拉策编著,《罗森茨维格:生平与思想》,孙增霖译,漓江出版社,2017年。

因为广博的犹太学问深受罗森茨维格与布伯(Martin Buber)赏识。《罗森茨维格:生平与思想》1953年出版之时,北美学界对罗森茨维格几乎一无所知,此书直接推动了北美学界对罗森茨维格的接受与研究,此后多次再版,成为研究罗森茨维格思想的重要文献。

格拉策向北美学界引介罗森茨维格的意图十分明显:罗森茨维格的"新思想"是当代犹太思想应对犹太传统"现代困境"的重大尝试,它或许能使犹太信仰在现代处境下重新站稳脚跟。毕竟,洛维特早就说过,罗森茨维格几乎堪称犹太人中的海德格尔……

1886年,罗森茨维格出生于德国卡塞尔(Cassel)一个并不十分虔诚的上层犹太家庭。青少年时代的罗森茨维格对"犹太人问题"没有表现出特别兴趣,高中毕业以后,罗森茨维格决定进入哥廷根大学学习医学,据说直到大学时代,罗森茨维格才知道"安息日前夜"。1907年,在与朋友共同研究自然科学之时,青年罗森茨维格甚至说"绝不碰犹太问题","我压根就不想听到它。我可不准备做一个犹太复国主义者"。然而,就在这年冬天,罗森茨维格决定转向历史与哲学,并在1908年秋天回到弗莱堡师从著名史学家梅内克(Mainecke)。此后,罗森茨维格开始深入思考犹太问题,这一思考的核心是:如何在现代处境下理解和重建犹太信仰。青年罗森茨维格严肃考虑过黑格尔调和基督教与现代性的方案,不过,他在1912年夏天完成的博士论文——亦即后来出版的《黑格尔与国家》——表明,此时的罗森茨维格已经开始质疑德国观念论与黑格尔历史哲学。

1913年是罗森茨维格生命中的重要转折,尽管挚友罗森斯托克(Eugen Rosenstock-Huessy)几乎使他改宗基督教,但是,一次犹太会堂经历最终奇迹般地稳固了罗森茨维格的犹太信仰,从此以后,罗森茨维格成为一个真正意义上的犹太思想家。著名法国学者摩西(Stéphane Mosès)说,罗森茨维格之所以拒绝改宗基督教,是因为他最终无法认同基督教化的现代文明与现代文明的基督教化。年轻的罗森茨维格决意摆脱黑格尔的历史神学构想。

1914年,第一次世界大战爆发,罗森茨维格自当年9月起供职于柏林红十字会,随后被派到比利时。1915年初,罗森茨维格在"并非出于自愿"的情况下被派往巴尔干前线……大战迅速激化了帝国时期已经令人不安的"犹太人问题",德国力图凭借欧洲大战恢复民族性的生存荣耀,在这个严峻的"决断"时刻,德国的**同化主义**犹太人决定将自己看作现代德意志民族的成员。犹太诗人利绍尔(Ernst Lissauer)在令其名声大噪的《仇恨英国圣歌》中写道:"我们爱憎分明;英国是唯一的敌人。"当时犹太知识界的领军人物之一拜克(Leo Baeck)干脆亲自跑到前线,在东西两线充当犹太士兵的战地拉比。

同化主义是古老的犹太民族应对现代处境的重要尝试。大战前一年,罗森茨维格在马堡遇到了令他高度敬重的新康德主义哲学家柯亨。与罗森茨维格不同,柯亨本人似乎就是同化主义乐观前景的见证。柯亨生命的绝大部分时光,都是在经过法国大革命洗礼的19世纪度过的。从历史上看,19世纪确实是欧洲犹太人现代化运动取得重要进展的时代,许多犹太人走出犹太社区,接受现代意义上的劳作方式与价值观念,一部分人甚至通过改宗基督教融入欧洲国家。柯亨在精神上属于19世纪,观念论哲学使柯亨相信犹太教的"现代性困境"最终能够彻底获得解决,尽管整个19世纪仍然没有任何欧洲国家在政治上完全承认犹太人的公民权。

与柯亨不同,身在一战前线的罗森茨维格已经不再信奉同化主义路线,在1917年5月给奥本海默(Gertrud Oppenheim)的一封信中,罗森茨维格谈到了同化运动的黯淡前景:同化运动必须以犹太人在现代欧洲民族面前的自我贬损为代价,"同化主义者达到目标的方法是,他们不是去做经纪人、讲师、记者、艺术家或者护士",而是去做"卑微的公务员、工匠和一个德国农民"。对于罗森茨维格而言,同化主义深刻体现了犹太民族在现代世界面临的政治困境:同化运动的未来并不取决于犹太人融入现代欧洲民族的决心,而是取决于各欧洲民族对犹太人若隐若现的善意。尽管战后建立的魏玛共和国成为第一个承认犹太人公民权的欧洲政权,但此后的历史证明了这位出身德国上层社会的青年哲学家对同化主义黯淡前景的判断,而非柯亨的启蒙乐观主义。

如果同化运动的困境本质上是政治性的,那么,政治犹太复国主义似乎有理由成为犹太民族应对现代困境的可行方案。然而,在罗森茨维格看来,无论是同化主义,还是平斯克(Leo Pinsker)等人倡导的政治犹太复国主义,都无异于在实质上放弃犹太信仰。罗森茨维格在《救赎之星》表达了这样的信念:犹太个体本质上不是世俗国家的成员,犹太民族也不是一个"土地性"的政治民族,除非能在现代处境下重建神圣信仰,犹太问题不可能以任何政治方式得到解决。罗森茨维格清楚地看到,犹太教现代危机的实质是神学与哲学的冲突。

如果要清楚地认识这一冲突,必须回到欧洲启蒙时代的哲学。因为,以启示与律法为根基的犹太教真正成为一种历史性的"偏见",是启蒙时代的事情——"偏见"这个词几乎是启蒙时代的专用标签。正是启蒙针对"偏见"的斗争引发了犹太教的现代危机,从性质上看,这一危机与犹太教在西班牙时期的危机存在重大差异——启蒙力求从根本上颠覆作为犹太教根基的启示与律法。

然而问题在于,从思想史上看,启示与理性的张力并非一个现代现象,而是人类思想的永恒问题。在斯宾诺莎遇到笛卡尔哲学以前,古代犹太思想者已经遭遇过希腊哲学,迈蒙尼德堪称亚里士多德哲学在中世纪的典范。迈蒙尼德在思想深处是彻底的理性主义者,他的根本立足点是自然理性而非启示的权威,就理性与启示的核心争执来说,他相信世界恒在说而非创世说。不过,迈蒙尼德的亚里士多德哲学具有一个柏拉图式的框架,或者说,迈蒙尼德对哲学生活的性质采取了柏拉图式的理解。柏拉图从整全的人类生活秩序出发,对哲学的自由作出了限制,在柏拉图这里,哲学不具有自然的自由,哲学必须顾及到政治共同体的生活意见。

迈蒙尼德可以被看作柏拉图在中世纪犹太教中的传人,《迷途指津》正是以柏拉图的上述思想方式为指引。《迷途指津》真正的说话对象是潜在的哲人,迈蒙尼德的根本着眼点是延续哲人共同体,但是,迈蒙尼德在《迷途指津》中也同时顾及到犹太律法传统。为了做到这一点,迈蒙尼德运用了柏拉图式的"显白写作"技艺。

迈蒙尼德的做法让人们不禁想到18世纪的莱辛(Gotthold E. Lessing),莱辛或许是柏拉图和迈蒙尼德的显白写作技艺最重要的现代继承者,莱辛相信,在哲学的精神自由与社会的要求之间存在不可跨越的鸿沟。莱辛去世以后,雅可比(F. H. Jacobi)对莱辛的老朋友门德尔松传达了一个惊人的消息:莱辛骨子里是斯宾诺莎哲学的信奉者。雅可比的消息无异于说,德国的启蒙领袖莱辛实际上是无神论者和宿命论者,而且,莱辛从未对他的老朋友门德尔松透露过这一点。无论莱辛是否信奉斯宾诺莎哲学,门德尔松此后的反应证实了莱辛的判断:即使门德尔松这样的人也无法接受斯宾诺莎哲学的宗教和道德结果,哲人在社会的要求面前应该谨慎从事。

犹太人门德尔松的恐惧表现了斯宾诺莎哲学对犹太教

构成的威胁,事实上,斯宾诺莎哲学正是现代犹太教在神学、政治层面遭遇全面危机的重要开端。斯宾诺莎的同时代人发现,斯宾诺莎哲学在根底上就是无神论,1656年7月27日,阿姆斯特丹的犹太联合会将斯宾诺莎革除教籍,斯宾诺莎就一边磨镜片一边写《神学政治论》,以阐释圣经的方式暗中否定犹太教。

斯宾诺莎否定犹太教的最终理由,正是一种与柏拉图、迈蒙尼德传统相反的信念:斯宾诺莎坚信理智的耿直,哲人应该否定启示宗教;同时,哲人也不应该因启示的道德社会意义而有所迟疑,因为,社会在本质上也应该遵循哲学的原则。斯宾诺莎在《伦理学》中写道:

> 大部分写文章谈论人类的情感和生活方式的人,好像不是在讨论遵守自然界的共同规律的自然事物,而是在讨论超出自然以外的事物似的。他们似乎简直把在自然界中的人认作王国中之王国。因为他们相信:人是破坏自然秩序而不是遵守自然秩序的,是有绝对力量来控制自己的行为的,并且是完全自决而不受外物决定的。①

迈蒙尼德与斯宾诺莎的差异表明,犹太教现代性危机的

---

① 斯宾诺莎,《伦理学》,贺麟译,商务印书馆,1998年,页96。

真正根源不是理性主义本身,而是启蒙理性主义。正是启蒙理性主义彻底激化了启示与理性的古老张力,使犹太教陷入空前危机,罗森茨维格与柯亨面临的困境本质上是一个现代现象,一个由启蒙理性引发的现代困境。这一危机并非犹太教的特有困境,而是启示宗教的一般困境,事实上,柯亨对斯宾诺莎的意图判断有误,斯宾诺莎的批判本身就是针对所有启示宗教的批判,而非特别针对犹太教。现代思想史此后的情况表明,启蒙理性主义成了整个现代宗教神学难以跨越的鸿沟。

为了挽救宗教危局,新教神学家施莱尔马赫在1799年出版了著名的《论宗教》,矛头直指康德的理性神学。但是,我们可以清楚地看到,无论施莱尔马赫反击康德哲学的意志多么坚决,施莱尔马赫毫无疑问属于后斯宾诺莎时代的神学家——施莱尔马赫新神学的核心是个体对上帝的"直接经验",这种"经验神学"与传统截然不同。

启蒙理性主义从根源上造成了柯亨与罗森茨维格面临的思想困境。尽管柯亨晚年突然想到拼命挽救犹太教,但是,柯亨的犹太教观念在根本上受制于康德的启蒙神学,柯亨念念不忘的"犹太性"说到底只是康德式的伦理观念,与启示和律法不相干。柯亨的《德国性与犹太性》在1915年出版之时,罗森茨维格马上批评道,"柯亨所有的只是欧洲主义"。

第二帝国后期的犹太人状况,对柯亨的启蒙进步信念构成了严重打击,欧洲战争则几乎完全摧毁了柯亨的观念论神学和社会哲学,在战火中消散的还有罗森茨维格对黑格尔进步主义和普遍历史的信念。现在,罗森茨维格彻底放弃了黑格尔借助世俗历史确证神圣信仰的观念,站在世界历史的迷茫路口,罗森茨维格相信,只有一种态度坚决的"新思想"才能使犹太人重新确信神圣信仰的真理性,他不会再考虑以任何世俗方式重建犹太信仰。

不过,一战尚未结束之时,罗森茨维格就开始寻求柯亨的支持,以便在战后建立一所独立于德国大学建制的犹太学研究院。罗森茨维格相信,德国大学的现行体制不能满足犹太人精神生活的要求,无论是观念论、新康德主义,还是19世纪兴起的犹太历史研究,都无力恢复欧洲犹太人精神生活的神性维度。战争结束后,罗森茨维格马上投入到重建犹太教育的工作中,即使后来身患重病,他也凭借惊人的意志顽强推进以"新思想"为纲领的犹太教育革新计划。

然而,正如施莱尔马赫未能真正越过启蒙的宗教批判,罗森茨维格的"新思想"也未能真正越过斯宾诺莎和霍布斯造成的思想鸿沟。"新思想"的根基不是《托拉》和律法,而是一种"经验哲学"。罗森茨维格力求建立一套确证上帝与救赎的哲学体系,这一体系的地基不是律法与启示,而是人对上帝的"经验"。这意味着罗森茨维格甚至延续了施莱尔马赫经验神学的"内在化"困境。罗森茨维格力图返回的犹太教,无论如何不再是斯宾诺莎之前的犹太教,"新思想"从人对神圣事物的经验出发,既拒绝律法揭示启示的方式,也拒绝律法的政治观念。由于罗森茨维格最终甚至将犹太信仰寄托于"完全个人化的经验",越过斯宾诺莎回到正统犹太信仰已经不再可能,因而,"新思想"最终是一种"现代之后"的犹太人问题解决方案,它不仅未能克服犹太教的现代困境,反而因为与传统渐行渐远而加剧了这一困境。罗森茨维格的犹太教看起来更像存在主义的一种犹太教形式……

1929年,海德格尔与卡西尔在达沃斯进行了一场著名论辩,罗森茨维格随后写了一篇重要文章,题为《交换的阵线》("Vertauschte Fronten")。《交换的阵线》将晚年柯亨看作他与海德格尔的"新思想"的先导,以表达对柯亨的敬重。罗森茨维格相信,卡西尔在海德格尔面前的贫乏表明,海德格尔才是柯亨哲学更恰当的继承者,因为,海德格尔力求从此在的"实际性"出发抵达神圣事物,这个被抛在世界之中的"此在"正是对神圣世界的呼唤。这意味着罗森茨维格最终将重建犹太教信仰的可能寄托于"历史化的个人",而非犹太律法与迈蒙尼德的中世纪理性主义。怀着对犹太民族的伟大的爱,罗森茨维格在这一年与世长辞——此时,海德格尔的《形而上学导论》尚未问世,罗森茨维格没有见到那些必会令他震惊恐惧的思想和事件。

罗森茨维格的"新思想"是20世纪犹太思想的一次重大冒险。《救赎之星》拒绝以国家和土地理解犹太民族,在罗森茨维格看来,犹太民族并非一个"扎根于土地"的民族,

"只有我们信赖血统并且放弃了乡土……因此不同于各个世俗民族"。洛维特后来说,政治历史在罗森茨维格这里失去了本应具有的意义。与一个独立的民族国家擦肩而过,或许是这位生于困惑时代、具有崇高人格的犹太"先知"一生中最令人扼腕的思想失误。

格拉策在 1950 年代向北美知识界引介罗森茨维格之时,恰逢方兴未艾的后现代思想风潮,这使罗森茨维格能够顺利进入北美知识界并产生重要影响。不过,格拉策曾经说过,迈蒙尼德或许比犹太正统更重要。格拉策的说法提示人们,恢复传统的活力说到底不是一件历史工作,而是一件哲学工作。

三、波普尔政治哲学与西方理性主义的危机

1

1945年,卡尔·波普尔在英国出版了《开放社会及其敌人》(*The Open Society and Its Enemies*)①,此书与几乎同时问世的《历史主义贫困论》(*The Poverty of Historicism*)使波普尔在政治思想界声名大噪。20世纪下半叶,波普尔的"批判理性主义"与"开放社会"在世界范围内几乎成为知识界的"常识",受到众多知识分子追捧。据说,凭借对西方传统与政治社会的透彻洞见,波普尔足以跻身20世纪最重要的政治哲学家之列,甚至堪称"康德以来最伟大的哲人"。②

---

① 卡尔·波普尔,《开放社会及其敌人》,陆衡等译,中国社会科学出版社,1999年。
② Anthony O'Hear ed., *Karl Popper: Philosophy and Problems*, Cambridge: Cambridge University Press, 1995, p. 283.

波普尔本人更进一步,将苏格拉底作为其思想位置的最终坐标,在众多场合自称为"苏格拉底的信徒"。① 苏格拉底对于波普尔的特殊意义在于,波普尔将苏格拉底的理性主义看作文明生活的根基。波普尔相信自己政治哲学的实质正是对理性传统的捍卫——他将其理性主义称为"批判理性主义",在他看来,"批判理性主义"正是"苏格拉底式理性主义"的另一个名称,他相信只有作为其思想根基的"批判理性主义"才是真正的理性主义,这种理性主义认识到人类知识的限度,意识到人类对知识的追求必然是"无尽的探索"。

但是,波普尔的显赫声名和自我认识的另一面,却是诸多重量级人物对波普尔的严厉批评。《历史主义贫困论》作为专书出版之后,以黑格尔研究名重学界的泰勒(Charles Taylor)发表了一篇明显具有讽刺意味的评论,题为《历史主义贫困论的贫困》,指责波普尔思想的实质是意识形态。② 思想史家沃格林在私人通信中的批评则更为辛辣:"这位波普尔先生多年来并非一块绊脚石,而是必须从路上不断地把它踢出去的讨厌的小石子。老是有人向我提起他,认定他的《开放时代及其敌人》是我们时代社会科学的杰作之一,这迫使我勉为其难地拜

---

① 卡尔·波普尔,《无尽的探索》,邱仁宗译,江苏人民出版社,2005年,页1。

② 参 Jeremy Shearmur, *The Political Thought of Karl Popper*, London and New York: Routledge, 1996, p.183。

读了这本著作,尽管本来的话我连碰也不会去碰一下的。"①沃格林对《开放社会及其敌人》的两个基本判断是:"波普尔的著作是胡扯,它没有什么情有可原的理由";波普尔是"一个彻头彻尾的意识形态的争吵者"。②

如果说波普尔本人将理性主义看作其思想根基,那么,沃格林的批评无疑挑明了认识波普尔的"中心问题":如果苏格拉底是真正意义上的理性主义者,波普尔的"批判理性主义"与苏格拉底的理性主义之间必然存在某种波普尔本人并未认清的重大差异,所谓"批判理性主义"究其根本可能恰恰是非理性主义,因而,以"批判理性主义"为知识论基础的"开放社会"政治构想也只是一种根基浮浅的"意识形态"。

2

就政治观念而言,波普尔延续了西方启蒙时代以来的自由

---

① 施特劳斯(Leo Strauss)在 1950 年 4 月 10 日写信告诉沃格林,波普尔在芝加哥大学做讲座,并且在信中评价道:"这是最过时、毫无生命的实证主义试图在黑暗中吹口哨,尽管冒充'理性主义',却完全没有'理性地'思考的能力。"见恩伯来、寇普,《信仰与政治哲学——施特劳斯与沃格林通信集》,谢华育、张新樟译,华东师范大学出版社,2007 年,页 94。沃格林在 4 月 18 日的回信对波普尔作出了可能是迄今最严厉、辛辣的批评,信中说道:"波普尔用这本书妨碍了我们最基本的职责,浪费了我们一生中本可以全神贯注地实现我们的天职的好几个宝贵的小时,我感到完全可以这样毫无保留地说:这本书是厚颜无耻的、一知半解的废物。每一句话都是胡扯。"见《信仰与政治哲学》,页 95。

② 《信仰与政治哲学》,页 96、97。

主义传统。波普尔政治哲学具有十分明确的政治意图:通过批判西方"集权主义"理论与实践以维护自由社会。不过,尽管波普尔无疑属于自由主义思想阵营,波普尔的自由主义与霍布斯、洛克、康德等人仍然存在显而易见的差异——无论是霍布斯、洛克的"自然状态"和"自然法"论述,还是康德实践理性的绝对道德律令,在波普尔的政治哲学中都已经失去重要性。波普尔与启蒙自由主义传统的差异意味着,波普尔的政治哲学事实上是一种"波普尔式的自由主义"。我们或许可以这样解释这个不容忽略的重要差异:19世纪以来诸多"社会哲学"对启蒙自由主义的挑战,很大程度上决定了波普尔政治哲学的形态,波普尔的两部主要政治哲学著作——《开放社会及其敌人》与《历史主义贫困论》——都带有明确而强烈的争辩意图,根据波普尔的说法,在对自由社会抱有敌意的众多社会哲学中,"最有影响力的社会哲学"就是历史主义(historicism),因此,与历史主义的争辩对于波普尔政治哲学具有决定性意义。

波普尔针对的"历史主义"并非通常意义上的历史学说,作为一种"社会哲学","历史主义"在波普尔这里特指"一种社会科学的研究路径,它认为历史预言是它的主要目的,并认为通过揭示隐藏在历史演变之中的'节奏'、'类型'、'规律'和'趋向'就可以达到这一目的"。[1] 在波普尔

---

[1] 卡尔·波普尔,《历史主义贫困论》,何林、赵平译,中国社会科学出版社,1998年,页3。

看来，这种以历史规律为基础、以历史预言为目标的社会哲学是一种"历史形而上学"，波普尔宣称当代社会科学的状况十分令人不满，因为各种社会科学和社会哲学并未致力于批判这种"最有影响力的社会哲学"。

尽管对历史主义的批判是《历史主义贫困论》与《开放社会及其敌人》的共同任务，但这两部著作的差异并非不重要。《历史主义贫困论》更为理论化，《开放社会及其敌人》则"从历史主义思想史中选出了某些事件，以便说明它对于从赫拉克利特和柏拉图到黑格尔和马克思的社会政治哲学的持久而有害的影响"。[①] 因此，对于认识波普尔的政治哲学而言，《开放社会及其敌人》具有从属地位，波普尔宣称，历史主义者自己从来没有提出过一门精心考虑和结构紧密的哲学，这门哲学依赖于他本人从形式上予以"构造"。这无异于提醒人们，即使有人认为《开放社会及其敌人》对柏拉图、黑格尔和马克思的批判在知识上相当贫乏、混乱——沃格林怀疑"波普尔是否有能力理解柏拉图的哪怕一页内容",[②]波普尔关于黑格尔与马克思的知识与洛维特（Karl Löwith）、卢卡奇（Georg Lukács）相比也绝对堪称匮乏——但是，重要的事情只是考虑作者以历史主义之名提出的问题本身。

---

① 《历史主义贫困论》，页3。
② 《信仰与政治哲学》，页96。

虽然《历史主义贫困论》在论证上的杂乱、重复甚至自相矛盾相当引人注目,我们仍然可以呈现波普尔对"历史主义"的批判在形式上的要点:

首先,波普尔将"历史主义"与"零碎技术"对立,"历史主义的研究途径不是零碎的,而是整体论的","正是这种整体论才最彻底地区别开了历史主义和任何一种零碎工程,并使它和某种类型的整体论的或乌托邦的社会工程的联盟成为可能"。①

其次,"历史主义与乌托邦主义之间的联盟的最强因素,无疑是双方共有的整体论研究路径。历史主义感兴趣的,不是社会生活各方面的,而只是社会作为一个整体的发展;而乌托邦工程也是整体性的"。② 因此,对于波普尔而言,乌托邦主义并不等同于历史主义,但后者被波普尔看作是在当前时代对前者的最有力支撑,更重要的是,对历史主义的理解必须进一步推进到其方法论前提:自柏拉图以来的整体论社会哲学。

再次,波普尔提出"零碎社会工程"(piecemeal social engineering)③与整体论对峙。整体论基于对社会整体及其目的的考虑,对人的生活提出"道德要求",与此相反,"不管其目的是什么",零碎社会工程都"试图通过可以不断改进的

---

① 《历史主义贫困论》,页61—62。
② 同上,页62—63。
③ 同上,页54。

小调整和再调整而达到目的",波普尔认为这是一种"自由主义"的社会工程,苏格拉底正是一个"零碎工程师"。①

上述分析表明,波普尔以历史主义之名提出的问题究其根本而言指向理解政治社会的方式——整体论与零碎论,波普尔不仅相信他有力地挑起了针对整体论古老传统的争论,而且相信他已经解决了这场争论。在《历史主义贫困论》中,波普尔大胆地宣称,"其中一种是真理,另一种则是谬误"。②

3

波普尔相信其政治哲学优于同时代的种种社会哲学,因为,他认为自己凭借在方法论层面揭示与批判历史主义的"整体论"前提,发现了应对时代危机的理论方案。根据波普尔的理解,同时代的最重大危机是集权主义对自由社会的威胁。

波普尔得出上述结论依赖于两个推论:第一,整体论社会哲学必然导致"乌托邦社会工程"或集权主义政治;第二,整体论社会哲学——基于社会的整体理解社会——既不正当、也不可能,因而,"零碎社会学"既正当又可能。

---

① 《历史主义贫困论》,页56。
② 同上,页58。

波普尔将整体论社会哲学的源头追溯到柏拉图,声称要"坚决摧毁"柏拉图政治哲学的集权主义倾向。不过,正如列文森(R. Levinson)的批评表明的那样,波尔普对柏拉图的解释基于大量的错误翻译和断章取义,对于柏拉图作品中不利于自己的证据,波普尔的做法是尽量视而不见。① 波普尔既不熟悉当时学界柏拉图研究的主要进展,对于他引用的寥寥无几的柏拉图研究者,他的理解也往往不准确。所以,波普尔几乎从一开始就错失了借助柏拉图及其重要阐释者理解政治社会的可能。

如果我们跳出波普尔关于人的生活的相对主义观念,我们就能更好地理解柏拉图对政治的思考。根据柏拉图的看法,人的生活的**自然目的**是人的完善,就较低程度而言,人实现其自然目的至少意味着对欲望的节制(参《王制》432a),②这也是原初意义上的自由的基本含义。考虑到人的生活有其自然目的,所以,并非所有政治共同体都同等优良,最好的

---

① 参 R. Brumbaugh,"Review: In Defense of Plato by Ronald B. Levinson", *Classical Philology*, vol. 49, No. 2, 1954, p. 105。另参沃格林的评价:"波普尔未曾投入到能够看清作者意图的文本分析之中;相反,他直接把意识形态的陈词滥调用于文本,武断地认为那个文本是在发表这些陈词滥调的结论。有些地方特别可笑,比如他会说,柏拉图经历了一个进步——从《高尔吉亚》中依稀可辨的早期'人道主义'进步到了《理想国》中的某种另外的东西(我不记得是'反动保守主义'还是'专制主义')。"见《信仰与政治哲学》,页 97。

② 《王制》引文均由笔者据 Burnet 考订本译出,Plato, *Platonis Opera*, Ioannes Burnet ed., Oxford: Oxford University Press, 1903。

政治共同体应该是最能实现人的自然目的的共同体。由于共同体的生活目的取决于它的政制(πολιτεία),因此,政治学的基本问题是自然的最佳政制问题。在柏拉图这里,自然的最佳政制是贤良政制(ἀριστοκρατία),因为,作为最佳政制中的统治者,贤良之士最接近人的自然目的。①

为了实现和维持最佳政制,共同体必然对其成员会提出"政治的"要求,正如苏格拉底在《王制》卷四开头所说,"我们建立这个城邦,不是着眼于让某一群人特别幸福,而是着眼于让整个城邦(ὅλη ἡ πόλις)尽可能幸福"(《王制》420b5—8)。但是,一个容易受到误解的事实是,柏拉图政治学的出发点是个人的自然目的,城邦或政治究其根本是为实现人的自然目的而立。因此,柏拉图的政治学更具有个人性,反倒是现代政治哲学更具有政治性,在奠定现代政治哲学的基础之时,霍布斯已经将自然德性看作共同体的威胁,从而仅仅保留了共同体所要求的政治德性。政治哲学在霍布斯以后的一个重要变化在于,霍布斯最初有意识

---

① 根据波普尔的另一个"指控"对象亚里士多德在《政治学》中的看法,城邦政制是"统治一切的权力(τῆς κυρίας πάντων)"(《政治学》1278b10),最佳政制取决于城邦存在的目的。亚里士多德在《政治学》中说,城邦生活的目的是"生活得幸福美好(τὸ ζῆν εὐδαιμόνως καὶ καλῶς)"(1281a2),由于这种生活必须是"为了完善和自主的生活(ζωῆς τελείας χάριν καὶ αὐτάρκους)"(1280b34),因此,城邦政制必须寄托于追求上述生活的最优良之人(ἄριστος),这意味着自然的最佳政制是贤良政制(ἀριστοκρατία)。引文据 Ross 考订本译出,W. D. Ross, Aristotelis Politica, Oxford: Clarendon Press, 1957。

地确立的政治德性成为了自然德性,人们遗忘了它最初的高度政治性。

如果说波普尔对柏拉图的集权主义指控源于波普尔在知识上的贫乏、武断以及对待思想史的轻率态度,那么,波普尔的"乌托邦"指控同样如此。正如克莱(D. Clay)所言,波普尔对柏拉图的攻击"缺乏对柏拉图写作性质的反思"。[1] 在波普尔所攻击的《王制》中,苏格拉底反复强调,言辞的城邦与现实的城邦不是一回事。在卷五的一个重要段落中,苏格拉底对阿德曼图斯说:"我们在言辞中考察的事,你不要强迫我必须展示这些事完全在行动中如此发生(τοῦτο μὲν δὴ μὴ ἀνάγκαζέ με, οἷα τῷ λόγῳ διήλθομεν, τοιαῦτα παντάπασι καὶ τῷ ἔργῳ δεῖν γιγνόμενα ἂν ἀποφαίνειν)"(《王制》473a5—7)。因此,苏格拉底十分清楚言辞与行动的张力,波普尔对苏格拉底在《王制》中的犹豫、警告和反讽几乎完全视而不见,甚至未能严肃对待苏格拉底的明确结论。波普尔对待《王制》的方式使他完全没有意识到,柏拉图《王制》的中心论题恰恰是言辞与行动的关系——确切地说,柏拉图更应该被看作一个反乌托邦作家,柏拉图笔下的苏格拉底巧妙地让格劳孔看到了政治的自然限度,从而让格劳孔看到了理论与实践的差异。

---

[1] C. Griswold, *Platonic Writings/Platonic Readings*, Pennsylvania: Pennsylvania State University Press, 2001, p. 269.

柏拉图这里不存在波普尔所说的基于历史形而上学的"整体论",毋宁说,在柏拉图这里,认识共同体生活的关键在于认识到人的诸目的及其秩序,用当代哲学的话说,共同体生活取决于价值的秩序。脱离对人类生活诸价值及其秩序的认识,共同体生活将失去其理性基础。

让我们回到波普尔本人的社会哲学方法。根据波普尔的说法,方法问题是社会哲学的根本问题,波普尔认为,社会哲学的正确方法应该是"零碎(piecemeal)方法"。所谓零碎方法的含义是,放弃对社会的整体理解,仅仅就社会的局部进行认识。在波普尔看来,零碎方法是"开放社会"的**方法论**基础,它将保证"开放社会"的现实性。然而,学界对波普尔的批评表明,在零碎方法与"开放社会"之间没有任何必然联系。

根据波普尔的说法,"开放社会"的基础是一个"观念的市场",由于这个"观念的市场"向所有观念开放,所以,"开放社会"将是一个真正理性的社会。可是,"零碎方法"本身仅仅意味着对社会之某些局部的认识,认识的零碎性、局部性并不意味着它能够摆脱褊狭、盲目和狂热,也不意味着人们愿意向所有观念开放,从而造成一个开放的观念市场。更进一步说,即使存在一个由诸多零碎认识构成的观念市场,这也并不意味着一个理性社会,因为,理性认识既不是各种观念的总和,也不是对立观念的自然结果,而是关于整全事物的尽可能彻底的认识。

事实上,一种与整全事物和理性认识决裂的"零碎方法"本身就既无可能,也不正当。对社会的零碎认识,本身就无力划定一个暂时作为认识对象的边界清晰的"局部",无力判断究竟哪些或何种局部真正值得认识,无力区分高贵事物与低俗事物,更无力在社会的诸多恶中辨认何为"紧迫的恶"——根据波普尔自己的说法,改善这类恶几乎是"开放社会"全部道德性之所系,在这个将所有观念和意见等而视之的社会中,社会的道德性仅仅在于改善紧迫的恶。完全可以说,波普尔对社会哲学传统的批评同样适用于他自己:波普尔式"开放社会"是一个贫乏的乌托邦。这一结论绝非源自对波普尔的敌意,事实上,即使对于同情波普尔甚至与波普尔私交甚厚的人来说,这一社会构想的"乌托邦性质也令人吃惊"。①

关于波普尔何以坚持其方法论和社会构想,我们仍然值得继续考虑,从而尽可能严肃对待波普尔的政治哲学。在批判整体论的历史主义形式之时,波普尔的主要根据在于"知识社会学"问题。波普尔相信,人的正确生活应该以理性为基础,这意味着关于社会的知识对人的生活具有最根本意义,因此,社会科学的根本问题应该追溯到知识与社会的关

---

① Anthony O'Hear,"The Open Society Revisited", P. Catton, G. Macdonald, ed., *Karl Popper: Critical Appraisals*, London and New York: Routledge, 2004, p. 189. 奥赫尔(Anthony O'Hear)曾经担任过波普尔的助手。

系。但是,恰恰是作为社会之基础的"知识",构成了历史主义的困难。根据波普尔的理解,人类知识的增长不可预测,由于"人类历史的进程受人类知识增长的强烈影响",因此,历史的进程必定是偶然的、不可预见的。

在波普尔看来,这一推论不仅适用于对整体论历史主义形式的批判,而且适用于任何复杂事物预测的"纯逻辑"论证。就我们的目的而言,这一疑问重重的论证面临的困难是:对人类社会来说,何以认为社会或历史即使在一定范围内也并无基本结构可言?倘若"知识的增长"终究以某种社会状态为前提,则波普尔对知识必然增长的信念已然预设某种社会状态是人类社会的基本状态。那么,社会的任何局部何以并非复杂事物?所谓"零碎"的界限与依据又是什么呢?如果"零碎"概念的标准是所谓"可实验性",实验的可能何以能够脱离对社会整体的理解?合理而明智的局部改造与社会整体之间究竟有何关联?

"零碎方法"自身的困难表明,波普尔割裂社会科学完整方法并彻底倒向"零碎方法"的理由,仍然有待揭示。波普尔此后将社会科学建基于一种统一自然科学与社会科学方法的"批判理性主义",并以此作为其知识社会学的最终根基,但是,"批判理性主义"同样不足以支撑波普尔对零碎方法和零碎社会工程的强烈倾向。根据波普尔的看法,无论自然科学还是社会科学,都不可能获得关于事实的知识,因为人的理性本身就不可能获得真正意义上的"知识",它只能获得关于事实的诸多"假设"(postulates),人类的知识应该被看作假设替代假设的过程。因此,波普尔实质上相信并不存在关于社会事实的真正知识,遑论关于价值及其秩序的真正知识,就知识社会学而言,这必然意味着知识的相对主义性质。波普尔因而宣称,政治社会中的所有价值选择都是主观的(subjective),唯一正当的社会是对所有意见开放的社会。

波普尔的"开放社会"本质上不再是一个"理性社会",在这个社会里,不再可能区分高贵的意见与低劣的意见,所有意见从根本上说都是相对的"假设",理性在这里脱离了它与知识、健全的善恶判断甚至诸自然权利的联系。波普尔"开放社会"的最终根据是他对个人自由的**道德前见**,波普尔自己承认,这一前见说到底是一个"**非理性的决断**"。[①] 由此人们也得以看到,波普尔的非理性决断才是其社会构想的真正基础,社会哲学的方法对于波普尔而言并非纯粹的方法论问题,而是对一种社会构想的表达……

启蒙自由主义在 20 世纪面临的危机,使波普尔不再可能凭借传统方式为 17 世纪以来的道德前见辩护。但是,在诉诸相对主义支撑启蒙的道德前见之时,波普尔进一步加深了自由社会与当代政治哲学的危机。波普尔的虚无主义知

---

① H Marcuse, K Popper, *Revolution or Reform? A Confrontation*, A. T. Ferguson ed., M. Aylward trans., Chicago: Precedent Publishing Inc., 1985, p.99.

识论与启蒙理性主义的最重要差异在于,他取消了人凭靠理性认识人的自然与社会的自然的可能。这一差异是认识波普尔思想位置的坐标——波普尔是西方理性主义传统遭遇危机的表征。

波普尔的"批判理性主义"仅仅在表面上与苏格拉底的理性主义相似。苏格拉底政治哲学的起点是人的正确生活,波普尔政治哲学的起点则是启蒙时代以来的道德前见,"开放社会"的相对主义性质和乌托邦性质使波普尔更像柏拉图笔下的普罗塔戈拉和忒拉绪马科斯。波普尔并未严肃对待其贫乏政治构想的可能性,支撑"开放社会"实质上是波普尔对其正当性的"非理性决断",同样,正是这一决断最终支撑了波普尔对零碎方法和零碎社会工程的强烈倾向,甚至波普尔的方法论本身。

尽管波普尔的知识社会学或"批判理性主义"同样指向苏格拉底问题——思想与社会的关系问题——但是,他得出了与苏格拉底截然相反的结论。在他这里,美好社会的最终保证是一个他从未细致探讨的"开放"的观念市场,一个无视政治事物之自然的乌托邦。对于这一乌托邦构想的现实性,波普尔的最终论证是知识共同体与政治共同体的根本一致性,在他看来,政治共同体应该是而且可以是一个科学家或哲学家共同体,倘若后者的基础必然是批判的言辞,前者同样如此。

波普尔对知识共同体与政治共同体同构关系的信念表

明,他最终选择彻底忽略柏拉图严肃对待的问题。关于政治社会的自然,关于思想与社会的关系,波普尔几乎从一开始就失去了与柏拉图和西方大传统共同思考的可能,仅仅这一点似乎已然提示我们,应该如何看待这位如今仍然在人们耳边"吹口哨"的当代智术师。

四、自然的分裂与拯救
——早期尼采论现代国家与希腊传统

1. 市民社会与现代国家

尼采的全部作品可以划分为三个时期,早期作品包括两部公开出版的著作——《肃剧的诞生》、《不合时宜的沉思》——以及一些未刊文稿。尽管尼采后来批评自己的早期作品掺杂了过多德国浪漫派的"青春忧伤",但是,这些作品已经极为清晰地划定了他未来一生的工作。后期尼采"益发老辣、挑剔百倍"的眼光,并未否定青年尼采决意承担的使命。

早期尼采并没有一部关于现代国家的专论,不过,根据洛维特在《从黑格尔到尼采》中的判断,在19世纪德国思想的"桥梁"上,黑格尔与尼采分别居于两端,构成了一条反思市民社会与现代国家的思想线索。洛维特认为,无论是黑格尔哲学,还是黑格尔哲学解体以后产生的更激进的思想流派,都致力于反思并应对本雅明(Walter Benjamin)所说的这个"布尔乔亚的世纪"。尼采延续了19世纪德国思想应对同时代重大问题的努力,现代市民国家是尼采思考的根本问题之一。① 青年尼采力求彻底理解并应对市民社会与现代国家的困境,这一努力贯穿尼采关于希腊哲学和肃剧艺术以及叔本华和瓦格纳的思考,在尼采看来,道德或"精神文化"是个体与国家生活的根本问题,在这个意义上,我们可以说,尼采对现代国家的思考关注的核心问题是市民社会与现代国家的道德问题或文化问题。

从1873年到1876年,尼采相继发表了四篇《不合时宜的沉思》,在"第三沉思"(《作为教育者的叔本华》)中,尼采以讽刺的口吻提到了英国作家曼德维尔(Bernard de Mandeville)的《蜜蜂的寓言》。对于尼采而言,曼德维尔是欧洲18世纪"自由主义和乐观主义世界观"的表征,如果19世纪的欧洲人不能克服这种"根植于法国启蒙运动和法国大革命的学说",迎接他们的将是"全然根本性的动荡"。

根据考夫曼(Walter Kaufmann)的看法,"第三沉思"集中

---

① 参洛维特,《从黑格尔到尼采:19世纪思维中的革命性决裂》,李秋零译,生活·读书·新知三联书店,2006年,页319—354。关于以"市民社会"为线索的德国思想发展史,参哈贝马斯,《现代性的哲学话语》,曹卫东译,译林出版社,2005年。

表达了早期尼采的思想。① 细心的读者不难发现,对现代市民社会的分析在"第三沉思"中占据十分突出的位置。在"第三沉思"的第四节,尼采对现代市民国家有一段纲领性描述:

> 宗教的洪水消退了,留下了沼泽和池塘;各民族又分裂成相互敌对,恨不得撕咬对方。各门科学毫无节制、极其盲目地推行放任主义(laisser faire),劈散和分解一切坚固的信念;教养阶层和国家(die gebildeten Stände und Staaten)被一种极为卑鄙的金钱经济所吸引。世界永远不再是世界,从来没有更缺乏爱和仁慈。在这一切世俗化的不安中间,教养阶层不再是灯塔和避难所;他们自己变得天天更加不安、更加没有思想和没有爱。一切都服务于将要到来的野蛮,包括现在的艺术和科学在内。②

欧洲基督教及其教会权威的"消退",使现代世界中的诸民族与无数个体分裂成敌对状态,成为一个"不再是世界"的世界。在"第三沉思"中,尼采将推动市民社会的本质

---

① Walter Kaufmann, *Nietzsche: Philosopher, Psychologist, Antichrist*, Princeton: Princeton University Press, 1974, p.157.
② 尼采,《不合时宜的沉思》,李秋零译,华东师范大学出版社,2007年,页277。部分译文据 KSA 版略有改动,后皆仿此。

力量称为"灵魂的卑鄙和自私冲动"以及"最粗俗最邪恶的力量"。但是,尼采此处的表达似乎表明,民族与民族、个体与个体之间的敌对状态恰恰是人类的原初状态,基督教只是对这种原初的敌对状态人为施加的绷带和压力——换言之,基督教是"文化"。

"第三沉思"对现代世界的分析源于青年尼采理解人类生活的基本概念:"自然"(Natur)与"文化"(Kultur)。尼采认为,近代欧洲的世界图景——民族与个体的敌对状态——是欧洲最重要的文化创造物"消融"的结果,因为,"教会在中世纪大体上拢住了各种敌对力量,它们被教会施加的强大压力在某种程度上互相吸住了(einander assimilirt)"。不过,在尼采看来,在教会权威瓦解过程中最先出现的现代君主国家与现代市民国家有重大差别。在更早的未刊文稿《希腊国家》的"前言"中,尼采将"君主政体"看作基督教与现代国家之间的过渡形式。只有在现代市民国家中,现代人才重新回到了"自然的(natürlichen)一切人反对一切人"的状态,究其根本而言,现代国家是非国家的国家,亦即"作为手段"丧失了内在价值的国家。正是在这个意义上,尼采指责支撑现代国家的是一些"野蛮、原始和毫无怜悯心的力量",国家建制无力对抗这种拆毁性的倾向,相反,由于国家本身成了市民社会的手段,现代国家恰恰增加了普遍的不安与威胁。

"前言"继而谈到,现代国家本质上源于"立足于国家天性之外的人",为了"最大限度地促进自私自利",这个统治着现代世界的经济阶层竭力"传播自由主义和乐观主义的世界观",以促成欧洲社会"从国家倾向到金钱倾向的转移"。在尼采看来,现代国家以普遍的、拆毁性的"自私冲动"为根基,它的政治现实是"自私的、没有国家的金钱贵族"的统治。与希腊城邦和现代早期国家相比,建立在市民社会基础上的现代国家是徒具国家形式的"自然状态"。在现代国家中,人们比任何时候都恐惧不安,"每一刻都可能电闪雷鸣",迎来"全然根本性的动荡"。

尼采对现代国家的思考,显然体现了德意志国家哲学传统的一种倾向:国家不应该仅仅是市民社会的延伸,更不应该加强市民社会的非道德和中立化特征,《肃剧的诞生》就将沦为市民社会之手段的现代国家称为"抽象国家",尼采相信,国家本质上应该是一种"文化"存在。尼采对文化的理解基于文化的原初含义——文化是对人的教化和培育,使之向着某种方向提升。至少在公开出版的作品中,青年尼采构想了一种以希腊肃剧为典范的"艺术"文化,尼采期待某种类型的艺术家在现时代扮演肃剧诗人或基督教教士的角色,于是,戏剧艺术家瓦格纳(W. R. Wagner)一度充当了尼采的文化英雄。但是,众所周知,尼采后来彻底放弃了借助瓦格纳艺术改造现代国家的方案,在 1886 年谈到《肃剧的诞生》之时,尼采称之为"形而上学的安慰"。

2. 提升人类

要准确理解尼采对早年思想的反思,有必要回到青年尼采对"自然"与"文化"的理解,更确切地说,这对基本概念本身对尼采构成了深刻的困难。"第三沉思"的一个重要段落有助于呈现这一困难,尼采在此谈道,

> 身处我们时代的这样一些危险,如今谁将为人性(Menschlichkeit)、为这个在各个世代逐渐积累起来的不可侵犯的神圣庙产奉献其守卫职责和骑士职责呢?谁将树立人的形象(Bild des Menschen),既然所有人都在自己身上感到自私的蠕虫和奴性十足的恐惧,并且如此背弃那个形象,堕落成动物(Thierische)或者甚至僵死的机器?①

"动物"概念形象地表达了尼采对现代国家的根本态度,②尼采随后对这个概念作出了说明:

---

① 《不合时宜的沉思》,页279—280。
② "动物"在尼采对人的理解中十分重要,尼采的成熟思想保留了这个概念——"人是一根系在动物与超人之间的绳索"。见尼采,《查拉图斯特拉是如是说》,孙周兴译,上海人民出版社,2009年,页9。

> 如此盲目和疯狂地眷恋生活,不顾一切更高的代价,远远不知有人如此受惩罚,而是恰恰以一种可怕的欲望的愚蠢贪求这种惩罚,如同贪求一种幸福那样——这就叫作动物。①

完全可以理解,如果任由"自私的蠕虫"蚕食社会,现代国家必然面临"全然根本性的动荡"。只有最盲目的乐观主义者才相信,精明的算计会成为国家的稳固基础,人性堕落为动物性绝非真正意义上的危机,"只要有理性,即使魔鬼也能建立国家"。同样,如果蜕化为金融隐士的教养阶层不再相信通过自我牺牲改善国家,现代国家必将陷入"剧烈的毁灭性运动"。从这个判断出发,尼采认为有必要在"自由的乐观主义"来势迅猛之时,不断以"不合时宜"的方式提醒西方人警惕即将到来的危机。

但是,这个段落在理论上揭示了一个深刻的困难。根据尼采的表达,人性(Menschlichkeit)乃是某种"逐渐积累起来的庙产",只是由于这种"积累",人才逐渐摆脱动物性,获得了"人的形象"。这里的人性显然指的是不同于动物和机器的道德性(Moralität),如此无异于表示,人性(Menschlichkeit)事实上并非"人的自然",而是传统塑造的结果——对于人的自然与人性的张力,尼采有一个更直白的表达:道德

---

① 《不合时宜的沉思》,页290。

本质上是"习俗"。

由此引出的问题是,市民社会的"动物性"是一回事,是否应该接受现代市民国家则是另一回事,因为,既然退回动物性不过意味着退回"人的自然",那么,即使现代国家意味着人性的毁灭,也必须接受现代国家——现代国家似乎是唯一自然的国家形态。尼采是否意识到,当他宣称动物性同时是人的"自然"和人性的毁灭之时,他实际上在宣称一个根本上矛盾的结论?如果动物性是"人的自然"(die Natur des Menschen),那么,动物性岂非恰恰是"人性"(Menschlichkeit),是真正人性的东西(menschlich)。①

根据丹豪瑟(Werner J. Dannhauser)的看法,尼采的"自然"概念在这个意义上存在关键性含混。这种含混直接关系到人的顽固的动物性自然给青年尼采制造的重大困难,我们可以补充说,尼采显然意识到了这种含混,正是由此引出的困难使尼采在成熟思想中转向对"自然"的全面肯定——这种肯定是否成功,有待对"权力意志"和"永恒复返"学说的考察。② 丹豪瑟另一个值得注意的观点是,由于尼采此时的

---

① 丹豪瑟(Werner J. Dannhauser)批评考夫曼没有注意到这一点,参丹豪瑟,《尼采眼中的苏格拉底》,田立年译,华夏出版社,2013年。

② 正面评价参朗佩特,《尼采的教诲》,娄林译,华东师范大学出版社,2013年。关于青年尼采的转向过程,参 Laurence Lampert, *What a Philosopher Is: Becaming Nietzsche*, Chicago: The University of Chicago Press, 2017。相反的观点参 M. Gillespie, *Nietzsche's Final Teaching*, Chicago: The University of Chicago Press, 2017, esp. p. 68。

"自然"概念不够清晰,尼采对道德或"高贵"的看法也并不清晰。

西方大传统加速崩溃的世界历史态势几乎容不得青年尼采彻底考虑新道德的全部含义,尼采此时只能努力恢复其核心原则。尼采相信,真正的道德与市民道德的根本差异在于"高贵性",即使这种"高贵性"的全部含义眼下尚不明朗,就原则而言它应该被理解为"提升人类"。"提升人类"是尼采看待政治社会的基本立足点,尼采由此形成了对现代欧洲国家的理解,在尼采看来,国家必须在**生存论**意义上得到理解,本质性的重要之事始终是人的生存(dasein)。由于生存的意义最终关乎"文化",而非市民国家的商业经济,"文化"概念对于尼采而言显得至关重要。考虑到"提升人类"几乎完全依赖于"文化",尼采并未全盘否定基督教尤其是柏拉图传统,尼采甚至断言,哲人在现时代的使命反而是制造"新柏拉图"(new Platos)。

众所周知,基督教传统在尼采看来也是柏拉图传统的延伸,即使这是一种"颠倒的柏拉图主义",正是从这个事实中,尼采看到了柏拉图创造"文化"的力量——就此而言,没有任何人堪与柏拉图比肩。创造"文化"的力量,对于青年尼采"提升人类"的计划至关重要,不过,同样重要的问题是:尼采打算创造何种"文化",尼采期盼的"新柏拉图"与柏拉图究竟具有何种关系,尼采打算在现时代恢复古代的柏拉图传统吗?

只有基于青年尼采对柏拉图与苏格拉底的复杂理解,尤其是尼采这一时期的诸多未刊文稿,才能更清楚地回答上述问题。尼采在众多场合将柏拉图看作苏格拉底"辩证技艺"的追随者,《肃剧的诞生》第 15 节的著名段落谈道,

> 谁一旦弄清楚,在苏格拉底这位科学的秘教启示者之后,各种哲学流派如何接踵而来,像波浪奔腾一般不断更替,一种料想不到的普遍求知欲如何在教养世界的最广大领域里,并且作为所有才智高超者的任务,把科学引向汪洋大海,从此再也未能完全被驱除了,而由于这种普遍的求知欲,一张共同的思想之网如何笼罩了整个地球,甚至带着对整个太阳系规律的展望;谁如果想起了这一切,连同惊人地崇高的当代知识金字塔,他就不得不把苏格拉底看作所谓的世界历史的一个转折点和漩涡。①

根据这个著名的段落,柏拉图追随的是苏格拉底的**知识**(Wissenschaft)传统,正是这个传统凭借对知识的信仰瓦解了希腊肃剧:苏格拉底诱惑柏拉图和雅典的贵族青年相信哲学技艺与幸福、德性的关系,从而制造了一个被尼采视为死敌的"乐观主义"传统,从此以后,希腊肃剧的"悲观主义"传

---

① 尼采,《悲剧的诞生》,孙周兴译,商务印书馆,2012 年,页 111。

统无可挽回地走向了衰落。

这段论述同时表明,以苏格拉底的技艺为开端的乐观主义传统并非只存在于古代世界,培根(Bacon)等人肇始的现代传统同样以此为精神根基,正是在这个意义上,苏格拉底才成为整个世界历史的"转折点"——尼采相信以商业经济为中心的自由主义时代不过是这种精神在当代的落脚点。对苏格拉底的上述看法展现了一个"反柏拉图"的尼采形象,这是尼采的真实形象吗?

无论如何,尼采并不打算彻底抹平柏拉图与现代世界的差异,相反,现代知识的进展对于尼采倒具有某种根本意义。不过,这种对于尼采具有根本意义的现代知识,同样构成了尼采面临的重大困难。尼采相信,"提升人类"乃是使人类变得"仁慈而高贵",使人类的秩序立足于"爱和正义",但是,人类在自然上也许只是动物——青年尼采始终高度关注自然学真理,并且阅读过大量现代自然学著作,①自然问题在尼采这里是哲学的首要之事。尼采在"第二沉思"中摆出了众所周知的大胆结论:

> 关于至高的生成的学说,关于一切概念、类型和种

---

① 值得一提的是,尼采在1866年夏末发现了朗(F. A. Lange)的《唯物主义史》(*History of Materialism*),此书对尼采在学生时代理解古今自然学的影响"怎么夸大都不太过分",见 D. Blue, *The Making of Friedrich Nietzsche: The Quest for Identity*, *1844—1869*, Cambridge: Cambridge University Press, 2016, p.237。

类的流变性的学说,关于人和动物之间缺乏一切根本的差异的学说——这些我认为正确但致命的学说——在如今流行的教诲狂中再经过一代人被抛掷到民族中去,那么,倘若这民族沦亡在自私的渺小和可怜的事物上,沦亡在僵化和利己上,亦即首先解体并不再是一个民族,就没有任何人应当感到惊奇。①

人不过是动物!这条"致命的"真理不仅昭示了现代民族的致命前景,更重要的是,它在哲学上揭示了尼采此时面临的致命困难:"肯定自然"与"提升人类"的矛盾。尼采清醒地认识到,这也是**哲学**的基本矛盾,柏拉图传统与此矛盾有关,所谓创造"新柏拉图"也与此矛盾有关。

进一步说,青年尼采持有一种由赫拉克利特、德谟克利特、叔本华和现代自然学混合而来的自然观,这种自然观比笛卡尔以来的数理自然学更为"自然"——自然世界乃是各种物质冲撞的场域,是力的无序世界。无论在《肃剧的诞生》和《不合时宜的沉思》中,还是在未刊文稿和书信中,尼采都清楚地表达了这一至关重要的结论。如此一来,应该考虑的问题倒是,倘若人是动物这条真理在哲学上源于"至高的生成"以及"一切概念、类型和种类的流变性",那么,"人性"似乎绝无可能从"生成"和"流变"的自然而来,这样一

---

① 《不合时宜的沉思》,页223。

来,似乎只有回到与此对立的柏拉图形而上学,才能在现时代恢复诸民族的"仁慈和高贵"。

3. "自然之子"

1872年末,尼采将《五本未刊之书的五篇前言》送给瓦格纳之妻柯西玛(Cosima Wagner)当圣诞礼物,1873年初,尼采在给罗德(Erwin Rohde)的信中称,在这五篇前言中,第一篇《论真理之路》最重要。尼采并未刊出此文,倒是在这一年将此文的主要观点写进了另一篇文章——《超道德意义上的真理与谎言》,1873年6月,尼采将《超道德意义上的真理与谎言》与第一篇"不合时宜的沉思"同时寄给了出版商。尼采写进《超道德意义上的真理与谎言》的主观观点,正是尼采在知识论上的怀疑主义,显得与柏拉图的知识论对立;尼采由此谈到,人类必然生活在无可逃避的幻象中,就此而言,"文化"究其根本乃是"谎言"——对人有益的谎言。谁在制造谎言,什么样的人有权说谎?

1871年到1874年间,尼采曾经准备写一本关于希腊哲学的书,在1871和1872年的冬季学期,尼采两次讲授了关于柏拉图的课程。这些课程的核心意图不是呈现柏拉图的具体学说,而是"柏拉图的本质特征":

> 从流传下来的某些行动中,而非从其作品中,人们

才能获得柏拉图的本质特征的一个更正确的形象。我们不应该将他看作一个过退隐生活[亦即作家生活]的体系-建造者,而应该将他看作一个意在变革整个世界的政治鼓动家,一个主要是致力于此目的的作家。建立学园对他来说重要得多:他的写作是为了加强其学园-同伴们的战斗力。①

对于尼采的整个思考来说,柏拉图与希腊哲学传统的关系都是核心问题,对尼采未刊文稿的新近研究表明,这个关系比一般看法更复杂。公开出版的著作对柏拉图的批评,并未完全表达尼采关于柏拉图的全部观点,尤其是某些至关重要的观点。

从《肃剧的诞生》来看,柏拉图关于知识与幸福的观点在古代世界肇始了一个"乐观主义"传统,最终瓦解了希腊的肃剧传统,原因在于,柏拉图接受并强化了荷马史诗中已经出现的"个体化原则"——人作为自然的一个部分从自然中"分裂"出来,获得了自我意识,正是"阿波罗式"的分裂导致人这种局限的、转瞬即逝的生灵承受无尽的痛苦。相反,作为阿波罗与狄奥尼索斯精神的结合,希腊肃剧的底色是"狄奥尼索斯式"世界观,这种世界观既承认人的悲剧性生存(Dasein),又相信某种狄奥尼索斯式的"原初统一"(Ur-

---

① 转引自 *What a Philosopher Is: Becaming Nietzsche*, p.53。

eine），肃剧与狄奥尼索斯宗教节庆的意义是一致的，它使人重新回到自然整体的原初统一之中。

尼采据此指出，现代国家本质上正是源于上述"个体化原则"与"乐观主义"，从自然中分裂出来的人受到知识幻象的迷惑，彻底抛弃了狄奥尼索斯的世界观，决意在金钱和争斗中谋求幸福的幻象。青年尼采相信，现代世界迫切需要新的狄奥尼索斯文化，在瓦格纳的戏剧中，尼采看到了创造文化的希望；文化英雄瓦格纳一度成了尼采心中的"新柏拉图"。

在公开出版的"第三沉思"中，尼采清楚地表达了现代狄奥尼索斯文化的形式——"艺术家形而上学"。尼采将一种狄奥尼索斯的"艺术家形而上学"看作希腊肃剧的现代形式，如果说希腊肃剧面对的形而上学问题正是"原初统一"的分裂，那么，"艺术家形而上学"将凭借艺术重新恢复这种统一。尤其重要的是，尼采将"艺术家"对原初统一的恢复看作自然自身的一个部分对原初统一的恢复，如此一来，自然自身的分裂借助"*自然之子*"得到了拯救。"自然之子"的艺术活动由此在尼采这里获得了最高的形而上学意义，尼采将"艺术家形而上学"看作自然的最终"完成"，因此，只有经过"自然之子"，原初自然才在美和秩序中获得了真正的意义，离开这种意义，自然自身仍然是半成品。

不仅如此，"艺术家形而上学"在尼采这里也产生了重大政治意义,在《希腊国家》"前言"中,尼采极为清楚地勾勒了一种"残酷的真理",①倘若生存的意义最终系于作为艺术的文化,那么,生存性的劳作必须为艺术的劳作服务,希腊国家正是以此为前提;另一方面,即使现代国家也并未改变这条真理的内核,差异仅仅在于现代国家的统治者是一个非艺术的牟利阶层。显然,尼采的意图并非对希腊国家提供历史学描述,而是表达一个生存论真理。

同样重要的是,"前言"结尾将柏拉图作为最重要的对立面提出来,核心问题正是知识与艺术的对立——尼采谈到,柏拉图用知识阶层取代了艺术家的统治地位。无论如何,这篇较早的未刊"前言"已经包含了《肃剧的诞生》攻击柏拉图的原则,如此一来,又该如何理解所谓创造"新柏拉图"的使命呢?

4."新柏拉图"

青年尼采公开出版的著作在很大程度上掩盖了一个事实,柏拉图在尼采此时的思考中居于核心位置。从尼采在这段时期开设的课程可以看出,他此时对柏拉图用功最多:四次开设关于柏拉图的导论课程,六次讲授《斐多》,四次讲授

---

① 参刘小枫,《青年尼采论"残酷的真理"》,见《哲学与文化》,2018年第2期,页5—22。

《普罗塔戈拉》，两次讲授《会饮》，分别讲授《高尔吉亚》、《斐德若》和《王制》各一次。① 事实上，无论尼采如何推崇前苏格拉底哲人和肃剧诗人，尼采心中的哲人典范仍然是柏拉图，在1871年和1872年两次冬季学期柏拉图课程的开场白中，尼采交代了关注柏拉图的根本原因：柏拉图作为哲人建立学派和创造文化的超凡能力。②

稍晚于《肃剧的诞生》的未刊书稿《希腊人肃剧时代的哲学》，当然并非尼采的不实之言。《希腊人肃剧时代的哲学》延续了《肃剧的诞生》对柏拉图知识论的批评——柏拉图力图凭借一种目的论形而上学建立一个可理解的世界。在尼采看来，柏拉图哲学由于其道德意图而过于政治化，这使得哲人柏拉图在城邦面前显得不够"坚决"，柏拉图的立法方式还不够"自然"。

不过，尼采此时已经十分清楚，柏拉图的知识论具有"谎言"性质，甚至可以认为，柏拉图的真实知识论完全有可能也是**悲观主义**——倘若柏拉图出于政治理由在对话中隐藏了真实的知识论，尼采当然可以出于同样的理由隐藏对柏拉图的部分看法。既然如此，现代知识并未从根本上瓦解柏拉图

---

① 这些课程的具体情况参 Curt Paul Janz, "Friedrich Nietzsches akademische Lehrtätigkeit in Basel 1869—1879", *Nietzsche Studien* 3, 1974, pp. 192—203。

② 德罗孔（Hugo Drochon）认为，尼采对柏拉图的看法事实上并未发生过根本改变。参 Hugo Drochon, *Nietzsche's Great Politics*, Princeton: Princeton University Press, 2016, pp. 36—47。

式的立法哲学,现时代的首要问题不是柏拉图的形而上学"谎言"本身,而是如何从现时代出发,借助柏拉图式立法哲学重新思考"政治哲学"自身的核心问题。在"第四沉思"《瓦格纳在拜罗伊特》中,尼采谈道,

> 在我看来一切哲学的最重要问题是,事物在何种程度上具有一种不可改变的性质和形象:为的是一旦这个问题得到了回答,就开始凭最坚决的勇敢着手提升世界的被认为可以改变的部分。①

现代世界在多大程度上仍然是可以改变的?是否可能借助"原初统一"的哲学"谎言"在现时代实现"提升人性"的计划?事实上,在写作《瓦格纳在拜罗伊特》之时,尼采已经对瓦格纳的浪漫主义艺术疑虑重重,②1876年的拜罗伊特之行使尼采确信,他的浪漫主义思想试验应该结束了。事实证明,这场浪漫主义的艺术形而上学冒险远比柏拉图的目的论形而上学更为"政治化"——浪漫主义对世界提出了超自然的要求,浪漫主义道德的"政治化"远远超出柏拉图,正如尼采多年以后所言,浪漫主义乃是一场形而上学的"安慰";更

---

① 《不合时宜的沉思》,页365。
② 除了哲学上的疑虑,青年尼采对瓦格纳政治观念的现代倾向也持保留态度,考虑到瓦格纳的文化价值,尼采此时在很大程度搁置了这种态度。

重要的是，柏拉图创造的文化传统在西方世界延续了近两千年，瓦格纳的浪漫主义文化甚至在拜罗伊特也只是一个幻象。

从1871年到1874年，尼采的思想如疾风骤雨般向前突进，复杂程度丝毫不逊于中后期思想。《希腊人肃剧时代的哲学》已经开始考虑一种"非政治"的立法哲学，在这部书稿中，尼采认为泰勒斯至苏格拉底的"哲人群体"比柏拉图更有勇气"实践"哲学。所谓实践哲学的根本问题是自然学与民众道德的关系，对于尼采而言，柏拉图意味着某种非凡的混合：柏拉图具有远超早期哲人群体的实践能力，与此同时，柏拉图缺乏在城邦民众面前实践一种悲观主义自然学的勇敢……尼采或许从1874年就开始转向一种"肯定自然"的政治哲学，这种政治哲学乃是柏拉图与现代自然学的结合，在《快乐的知识》中，尼采开始公开表达这种充满"权力意志"气息的柏拉图式政治哲学。对于尼采而言，柏拉图与基督教传统证明，未来哲人或许能够提升这个世界*可以改变的部分*，尼采相信这是真正的"大政治"，是以柏拉图之名与现代国家展开的一场异常凶险的精神对抗。①

---

① 见 Hugo Drochon, *Nietzsche's Great Politics*, p. 36。

五、哲人与历史

——施特劳斯与科耶夫关于《论僭政》的争论

冷战"打到"第二年,身在美国的施特劳斯给法国的俄裔哲人科耶夫寄出一封长信,请这位老友评论一本自己"即将问世的小书"①——《论僭政》(*On Tyranny*)。施特劳斯写道,之所以特别向科耶夫提出这个请求,是因为"除了你本人[指科耶夫]和克莱因,在法国再没有其他人理解我想做什么"(236)。关于这一点,施特劳斯后来有一个更为直白的说法,"科耶夫属于懂得如何思考并且热爱思考的极少数人……一句话,科耶夫是哲人,不是知识分子(intellectual)"

---

① Victor Gourevitch and Michael s. Roth ed., *On Tyranny, Revised and Expanded Edition including the Strauss-Kojève Correspondence*, the University of Chicago Press, 2000, pp. 236. 中译本见施特劳斯、科耶夫著,《论僭政——色诺芬〈希耶罗〉义疏》,何地译,华夏出版社,2006年。本文所引《论僭政》原文均由笔者据英文本译出,下文不再加注,仅随文标示英文本页码。

(185—186)。因此,施特劳斯本质上将这部"即将问世的小书"与科耶夫的评论看作哲人之间的一次对话。

哲人施特劳斯为何要与哲人科耶夫对话?真正意义上的哲学本身就是作为辩证术的对话。① 在给科耶夫写信之前,施特劳斯专门读过科耶夫对黑格尔《精神现象学》的解释,他深知科耶夫是基于黑格尔哲学捍卫现代立场的现代哲人。《论僭政》的根本意图是借助色诺芬的《希耶罗》揭示苏格拉底式的古典哲学,哲人施特劳斯相信,古典思想必须彻底认识现代思想的真正根基。值得思考的是,站在现代哲学的立场上捍卫现代思想的哲人并非只有科耶夫,施特劳斯为何选择科耶夫,而非当时西方世界的盖世大哲海德格尔?

一个极为重要的原因是,科耶夫既是"代表现代立场的聪明的、头脑完全清醒的人",又没有"海德格尔怯懦的含糊其辞"(244)。事实上,施特劳斯十分清楚海德格尔对于现代思想的意义,他在晚年与克莱因的一次对谈中说道:

> 至高形式的或海德格尔式的当代哲学与古典哲学的区别是由当代哲学的历史特性塑造出来的,它以所谓历史意识为先决条件,所以,必须了解这种意识多少有些隐秘的根源。②

---

① 柏拉图,《帕默尼德》(*Parmenides*)135d—136c。
② 施特劳斯,《剖白》,见刘小枫编,《施特劳斯与古典政治哲学》,上海三联书店,2002年,页731。

在评价科耶夫的黑格尔解释时,施特劳斯说得也很清楚,"除了海德格尔,恐怕在我们的时代没有任何一个人写过这样一部既全面又聪明的书。换句话说,在我们的时代,没有人像你这样出色地证明过现代思想"(236)。可见,现代思想的真正根基是历史主义(historicism),海德格尔哲学是其极端形式,①不过,由于海德格尔极其隐晦的"含糊其辞",要在他那里发现历史主义的隐秘根源十分困难。在《论僭政》的一则纲领性的注释中,施特劳斯借助马基雅维利揭示了这个根源:

> 古典政治哲学将人的完善或人应该如何生活作为它的方向,它的顶点是关于最佳政治秩序(best political order)的描述。这种秩序指的是这样一种秩序,实现它的可能并不需要人性的奇迹或非奇迹的改变,但是,它的实现被认为并不可行(probable),因为它被认为依赖于机运。马基雅维利一则要求人们不应该基于人应该如何生活而应该基于他们实际上如何生活来确定其方向,再则认为可以或应该掌控这种机运,他以此攻击这个[古典]见解。为所有真正的现代政治思想奠定基础的正是这个攻击。关心实现"理想"(ideal)的保证导致

---

① 在1950年给科耶夫的一封信中,施特劳斯特别谈到《林中路》(*Holzwege*),随即给出一个论断:"最极端的历史主义"(《论僭政》,244)。

人们降低政治生活的标准,并且导致了"历史哲学"的出现:即使马基雅维利的现代对手们也不能恢复古典作品关于"理想"与"现实"之关系的头脑清醒的见解。(页106)

这则纲领性的注释表明,施特劳斯认为现代历史哲学源于一种**实践性**的抱负——保证言辞中的"理想"的实现。不过,与马基雅维利及其"现代对手们"相比,科耶夫的历史哲学显得相当特别。施特劳斯格外看重科耶夫,很可能出于一个后来在科耶夫对《论僭政》的评论中得到证实的重要事实——科耶夫的历史哲学甚至与黑格尔也有所不同,在科耶夫那里,现代政治哲学似乎同样可能源于一种**理论性**的抱负,换言之,就哲学与政治的关系这一政治哲学的最高问题而言,同样可能基于一种理论真理的要求采取现代立场。科耶夫的《僭政与智慧》("Tyrrany and Wisdom")力图证明,就"哲学"的原初含义或真理的本质要求而言,哲学必然或必须在相当程度上成为实践性的政治技艺,哲人必须推进历史性的政治"运动"(movement),这场政治运动最终必然实现一个普遍同质国家(universal-homogeneous state)。

《僭政与智慧》是科耶夫评论《论僭政》的力作。施特劳斯没有看走眼,作为在法国能够理解他的仅有的两个人之一,科耶夫对施特劳斯所推崇的苏格拉底式古典政治哲学的基本理路洞若观火。正是由于这个原因,在后来回应学界的

《色诺芬〈希耶罗〉重述》("Restatement on Xenophon's Hiero")中,当时声名赫赫的思想史家沃格林仅仅成了陪衬,整个《重述》实质上是施特劳斯对哲人科耶夫的私人性的回应。科耶夫发动的现代"攻势"使施特劳斯得以更充分地揭示古典哲学与现代哲学的基本张力,毫无疑问,《僭政与智慧》与施特劳斯的《重述》构成了20世纪西方精神史上一次绝妙的思想交锋,具有非凡的思想意义和政治意义。①

1. 科耶夫与历史真理

色诺芬的《希耶罗》分为两个部分。在第一部分中,异邦诗人西蒙尼德斯(Simonides)请僭主希耶罗(Hiero)比较僭主生活与平民生活,希耶罗的言辞似乎成功地让西蒙尼德斯相信,僭主的生活远远不如平民幸福。施特劳斯认为这个部分是诗人出于教育的目的有意为之:除非僭主相信暴政必然带来悲惨的生活,僭主不可能接受*智者*(the wise)的教育。希耶罗本人的言辞让对话的第二部分成为可能。由于西蒙

---

① 关于施特劳斯与科耶夫的这场争论,参古热维奇(V. Gourevitch)和罗兹(M. s. Roth)为《论僭政》撰写的导言,见《论僭政》中译本"英文版编者导言"。其他专门研究参古热维奇,《哲学与政治》,见科耶夫等,《驯服欲望——施特劳斯笔下的色诺芬撰述》,刘小枫编,贺志刚、程志敏译,华夏出版社,2002年,页26—88。刘小枫,《施特劳斯抑或科耶夫》,见《拣尽寒枝》,华夏出版社,2007年,页160—177。德鲁里,《亚历山大·科耶夫——后现代政治哲学的根源》,赵琦译,新星出版社,2007年(该书第十章讨论科耶夫与施特劳斯的争论)。

尼德斯的引导，希耶罗意识到自己的生活实际上相当不幸，因此，西蒙尼德斯得以在这个部分教导希耶罗如何改良僭政。听完西蒙尼德斯的教导，希耶罗最终抱以意味深长的沉默，这是色诺芬精心设计的结局。施特劳斯认为《希耶罗》的真正主题是政治与智慧的关系，色诺芬意在借助僭主与诗人的对话揭示一个在现代人看来过于稀松平常的(trivial)真理：政治生活的改良归根结底依赖机运，智者的政治责任不是投身政治运动，而是利用或许可能出现的时机让政治人施行"仁政"——劝诫政治人造福民众(页188)。

施特劳斯对智者政治责任的理解首先基于一个前提，作为由一个人统治的政体，僭政在品质或道义上低于王政，可是，改良僭政的时机实在相当难得，仅仅依靠僭主本人的良好意愿远远不够，实现王政必须依靠整个城邦甚至"国际政治"的运势。在这个意义上，"仁慈的僭政"几乎是个"**乌托邦**"(utopia)，智者既无必要也无可能实现乌托邦。施特劳斯相信色诺芬对僭政的古典理解是对僭政本性的理解，既适用于古代僭政，也适用于现代僭政。同时，古典的僭政理解不关心历史意识或历史哲学，僭政之所以低于王政，是因为僭政本身的道义品质；柏拉图的苏格拉底认为僭政就其本身而言是一种恶——不正义的政制。[①] 不仅如此，最根本的问题还在于，柏拉图和色诺芬始终认为哲学生活高于实践生

---

① 柏拉图，《王制》344e—345b。

活,哲人与政治的关系在根本上取决于哲学生活的理论性质,哲学本质上是言辞性的探究活动,这必然要求哲人将理论探究而非政治实践作为全部任务。《僭政与智慧》通盘反对上述原则,可是令人惊奇的是,科耶夫的现代立场似乎恰恰基于哲学的理论性质,或者说,科耶夫在哲学的理论性质中看到了哲学成为实践技艺的必要性。基于同一个前提,哲人科耶夫反对哲人施特劳斯,这件事如何可能?

科耶夫不认为色诺芬对僭政的理解同时适用于古今僭政,他不赞同施特劳斯对希耶罗的沉默的理解。希耶罗的沉默是整个《希耶罗》中最重要的情节之一——它是全书结局,在科耶夫看来,希耶罗的沉默恰恰指向古代僭政与现代僭政的区别。诗人西蒙尼德斯在《希耶罗》第二部分提出的改良建议显得只是对更好的僭政的描述,可是,仅仅根据君主政体的"理想"(ideal),希耶罗根本不可能改良僭政,因为他现在缺乏行之有效的变法政令。由于城邦对僭主的服从几乎完全出自恐惧,改变或放松僭政首先威胁僭主自己的性命和权力。科耶夫据此得出结论:

> 西蒙尼德斯看来表现得不那么像一个智者,而像一个典型的"知识分子",根据在言辞世界中建构的"理想"批判他所生活的现实世界,由于这个"理想"现在并不存在,过去也从未存在过,他就赋予它"永恒"的价值。事实上,西蒙尼德斯以"乌托邦"的形式提出了他

的"理想"。因为,以"乌托邦"的形式提出的理想与作为"现实的"(革命的)理念(idea)提出的同样的理想的区别恰恰在于,乌托邦并不向我们展示如何在此时此地着手变革既定的具体实在,以便使之符合预定的将来的理想。(138)

诗人提出"现实的理念"是否意味着根本不可能改良僭政?正是基于这个问题,科耶夫决定划分古今僭政。历史意识让科耶夫得出结论,色诺芬仅仅见过"为某个既定阶级、个人或家族野心服务"的古代僭政,而没有"想到"所有僭政——"现代僭主们已经实现了色诺芬-西蒙尼德斯的乌托邦",他们"把祖国看作自己的庄园,把公民看作自己的同志","通过让臣民们更幸福赢得他们的感情"(139)。僭主的性命和权力与改良僭政之间的矛盾只是古代的事情,因为必须不断应付"当务之急"(current things)的时代已经过去。

可是,即使认为现代僭主们实现了西蒙尼德斯的政治理想,也不能认为现代僭政符合道义,因为,色诺芬的古典理解首先关心僭政的道义品质,经过改良的僭政绝不等于王政。令人费解的是,科耶夫认为色诺芬的《希耶罗》恰恰可以"(在哲学上)证明现代僭政的正当性"。显然,阐明这个问题需要"进入事情的核心"。科耶夫决定先解决另一个问题:现代僭政是如何实现的?

我们是否可以得出结论说,现代"僭主"无须借助智者或哲人们的建议就可以实现这个"哲学"理想,还是说我们是否必须承认,只是因为有个西蒙尼德斯曾经给一个希耶罗提过建议,现代"僭主"才能做到这一点?(139)

既然诗人和知识分子都不能实现改良僭政的理想——不能将乌托邦转变为现实,现在只能考虑哲人——人世间最高的智者。无疑,倘若哪个哲人要帮僭主实现"**仁慈的僭政**"(beneficent tyrany),关键同样在于提出行之有效的变法政令。可是首先必须解决的麻烦却是,僭主为什么**愿意听从哲人的教导**?彻底认识僭主的意志似乎必须诉诸一种关于僭主的"**精神现象学**"。在科耶夫看来,西蒙尼德斯认为"人的最高目标和最终动机是**荣誉**(honor)",不过,这个说法还不够"准确",就"真正的人"(the real man)而言,黑格尔在《精神现象学》"主奴辩证法"一章中的说法要准确得多:

因为我相信,想要在一个人的卓越的人的实在和尊严方面(受到他所同样"承认"的那些人)"承认"实际上是所有人类竞争(emulation)的最终动机,因而也是所有政治斗争包括实现僭政的斗争的最终动机。通过自己的行动满足了这个欲望(desire)的人正是由于这个原因

而真正"得到了满足",不论他幸福或被爱与否。(143)

色诺芬的《希耶罗》和施特劳斯的义疏都已经证明,仅仅从身体的欲望理解僭政远远不够,因为僭主的生活并不一定比平民舒服。因此,必须考虑僭政尤其僭主的某种精神性的根源。科耶夫跟随黑格尔将僭政追溯到人追求"承认"(recognition)的精神性的"欲望",最终满足这个欲望的是所有人(all)的承认。可是,真正的人——"主人"——追求"承认"的过程是一个"悲剧"(tragedy),因为,在追求承认的斗争中,如果主人的对手也是主人,后者至死也不会服从前者;反之,如果主人的对手服从他,这只能证明这个对手是奴隶(slave),奴隶的服从或承认没有价值,因为在主人眼中奴隶不是真正的人(142)。因此,僭主现在必须向真正的智者求教,如何让所有人承认他的权威。

在考虑僭主与智者的关系之前,有一个问题值得思考:这个向智者求教的僭主是古代僭主还是现代僭主,或者说,由于现代僭政已经实现了西蒙尼德斯们的政治理想——"仁慈"地施行统治,现代僭主是否还有必要向哲人求教?这无疑取决于一个根本问题:何谓僭政?

事实上,只要一部分公民(是多数人还是少数人无关紧要)将自己的观念和行为强加于所有其他公民之上,僭政(就这个词的道德中立的意义而言)就出现了,

> 这些观念和行为受到这部分公民自愿承认的某个权威的引导,但是这个权威并没有成功地获得其他人的承认;在这种情况下,这部分人在将这个权威强加于那些他者之前并没有与他们"协商",没有试图与他们达成某种"妥协",也没有考虑他们的观念和欲望(这些东西由这些他者自愿承认的另一个权威决定)。(145)

根据科耶夫的说法,古代僭主自不必说,现代僭主同样必须向哲人求教。因为,"仁慈的僭政"不等于所有人的承认,根据僭政的本质,一切僭政都必须进行"革命性"的改良,而改良僭政的根本困难则是解决黑格尔"主奴辩证法"的悲剧。为了解决这个悲剧,僭主必须进行彻底的"解放"——解放奴隶、妇女和儿童,最大限度减少罪犯和精神病人。可是,社会政治的解放并不能从根本上改变奴隶的精神本性,获得解放的奴隶在精神上仍然可能是奴隶,倘若如此,被解放者的承认仍然不能满足解放者获得承认的欲望。因此,"将所有社会阶层提升到可能的最高程度的文化水平"——彻底启蒙——势在必行。彻底启蒙或"文化革命"的最终结果或目的是实现一个普遍同质化的政治社会。一个极为要害的问题是,根据科耶夫在**这里**的论述,这个普遍同质社会指的是一个承认或服从**同一个权威**的政治社会,但是,根据黑格尔的"主奴辩证法",由于经过解放或启蒙的奴隶已经成为主人,难道主人会自愿服从主人,获得解放的主人难道不会"至死也不承认"从前的主人或一切主人？普遍同质社会里的同一个权威是谁——一个真实的僭主还是普遍同质社会的"理想"本身？普遍同质社会显得不是"主奴辩证法"的终结，而是政治社会或共同生活(community)本身的终结。科耶夫显然看到了这一点，因此，《僭政与智慧》必须在接受柏拉图关于哲学的根本洞见——哲学本质上是从意见上升到真理的活动——的同时彻底推进"历史主义"。

事实上科耶夫已经在推进"历史主义"。此前已经提出的一个问题是，色诺芬的《希耶罗》是否可以"(在哲学上)证明现代僭政的正当性"。由于从古代僭政改良而来的现代僭政是实现普遍同质社会的必经阶段，现代僭政显然获得了**历史的正当性**，更确切地说是**历史形而上学的正当性**。在这个意义上，色诺芬关于"荣誉"的论断(必须经过黑格尔的修正)实际上恰恰证明了现代僭政的正当性。因此，在科耶夫这里历史理性或历史形而上学取消了僭政的道义欠负，恶的东西现在成为正当的东西，忒拉绪马库斯战胜了苏格拉底。

既然改良僭政是推动历史走向终点的必经阶段，而僭主又必须借助哲人的教导才能改良僭政，那么僭主必然应该向哲人求教。可是，有一个问题倒需要先行考虑：哲人是否有能力改良僭政？科耶夫从黑格尔辩证法中看到，只有哲人有能力改良僭政，换言之，只有哲人有能力统治社会，这种能力源于哲人的爱智本性：

> 根据定义,哲人并不拥有智慧(亦即完全的自我意识或事实上的全知);但是(一个黑格尔主义者会强调:在一个给定的时代)哲人在通往智慧的道路上比任何非哲人或"门外汉",走得都远,包括僭主在内。(147)

哲人的爱智本性让哲人致力于探究,更易于摆脱偏见,洞见事实;更重要的是,诗人和知识分子要么只能看到"抽象"(abstraction),要么只能看到"个别"(particular),哲人却能借助辩证法看到"具体"(concrete)——前两者的"综合"(synthesis)。综合不仅高于各个部分,而且能够解决此前提到的改良僭政的基本困难:提出现实的行之有效的变法政令,实现"理想"与"现实"的统一。由于只有哲人能够看到具体的、现实的东西,僭主必须向哲人请教,**辩证法**(dialectic)让哲人成了当仁不让的"帝王师",毕竟,亚里士多德就是亚历山大大帝的老师。但是,哲人有能力统治并不等于哲人"愿意这样做"(150),这个困难同样与哲人的爱智本性有关,哲人就其本性而言仅仅关心**言辞性的**(discursive)探究。

> 因此,所有问题在于他是否愿意这样做。那么(考虑到哲人的定义),只需提出这个问题就能看到它极其复杂,甚至不可解决。
> 这个问题的复杂性和困难性源于一个平常的事实,一个人思考与行动需要时间,他能利用的时间事实上非

常有限。(150)

科耶夫清楚地看到,哲人的"本质上的有死性和有限性"让他必须在哲学生活与政治生活之间作出选择。根据哲人的本性或定义,哲人似乎必须选择哲学生活而非政治生活,科耶夫将持这种态度的哲人称为"*伊壁鸠鲁式哲人*"(150)。伊壁鸠鲁式哲人远离政治,追求"与任何'行动'没有必然联系的纯粹的'理论'或'沉思'"(150),因此,"异教或贵族式的伊壁鸠鲁们"成了菜园哲人,"基督教或布尔乔亚的伊壁鸠鲁们"形成了一个被称为"文人共和国"的小圈子(150—151)。由于不关心任何行动的、政治的事情,伊壁鸠鲁式哲人根本不愿意与僭主甚至政治人打交道,这种态度导致僭主改良僭政的计划彻底落空。但是,科耶夫断然否定这种态度:

> 因为,事实上,作为对智慧或真理的追求,哲学的定义之所以导致伊壁鸠鲁式的态度,只是因为人们对于这种追求接受了某种完全不是不言自明的东西,同时,根据黑格尔的概念,这种东西甚至根本就是错误的。(151)

人们接受了什么"完全不是不言自明的东西"?科耶夫认为是柏拉图式的(Platonic)真理(真相)观,这种真理观认为：

> 存在(Being)本质上是自身恒定的,永远与自身同一,而且在一种从最初就已经完善的智性(intelligence)中并且通过这种智性得到完全的显示;所以,存在的无时间的整体(the timeless totality of Being)的这种彻底的显示就是真理(Truth)。人(哲人)可以在任何时候分有这种真理,这要么是源于真理自身的某个动作的结果("神圣启示"[divine revelation]),要么凭借他自己的个人性的理解工作(柏拉图式的"智性直观")。(151—152)

真($ἀλήθεια$)与自身本质性的恒定同一性决定了哲学沉思必然是一种非行动的"直观",这必然预设生成性事物的非存在性。根据科耶夫这个说法,形而上学又重新回到根基性的位置,因为,任何关于哲人与城邦关系的思考必然首先基于一种形而上学意义上的真理观——黑格尔的弟子科耶夫在这里紧紧跟随海德格尔。科耶夫将伊壁鸠鲁式哲人的真理观称为"神性(theistic)的真理观(存在观)",

> 如果一个人不接受这种神性的真理观(存在观),如果他接受彻底的黑格尔式的无神论,根据这个无神论,存在本身本质上是时间性的(存在=生成)并且通过在历史过程中(或者作为历史:显示的存在=真理=

人＝历史)得到语言性地显示而创造自身,而且如果他不想陷入毁灭真理概念因而毁灭对真理的追求或哲学的怀疑论的相对主义,那么他必须脱离这个完全孤立隔绝的"菜园",包括"文人共和国"的狭小圈子(相对孤立隔绝),像苏格拉底一样不是在"树下和廊下"而是在"城邦的公民中"逗留。(152)

根据这种无神论的真理观,科耶夫认为哲人的使命不仅是"**参与历史**",而且必须是"**主动地**"参与历史。得出这个结论的关键在于,作为生成(becoming)的存在不是某种一次性的原初地被给定的东西,而是某种在人的历史活动中得到创造和完成的东西。可是,这仍然预设一个极为隐蔽的前提:除非借助哲人的社会性的参与活动,历史本身不可能达乎完成,换言之,不可能达乎其最终的全体性或整体性。这个前提的要害在于,何以必须借助哲人的历史性的社会政治活动,历史本身才能达乎完成,也就是说,何以一般性的(常人、诗人、政治人或知识分子的)历史活动做不到这一点?在彻底解决这个问题之前,科耶夫还不能断言哲人必须主动地参与历史。解决这个问题使得科耶夫的历史主义与海德格尔的极端历史主义有所不同,科耶夫的历史主义显得是一种悖论式的历史主义——历史本身必然达乎完成,由人的实践活动促成的历史运动有穷尽其可能的时刻,这个时刻本质上使无限的历史整体成为有限的历史整体,也就是说,历史不再有新的可能。显然,这个历史形而上学是科耶夫或黑格尔历史哲学要害所在,需要相当精微的形而上学论证。同时,由于历史性的社会活动并不等于哲人教导僭主活动——哲人的间接统治,科耶夫仍然面临相当困难的论证任务。

科耶夫没有马上清理这些任务,他决定先彻底阐明反对伊壁鸠鲁式哲学态度的理由。无论如何,现在的结论是哲学的理论本性要求哲人应该主动参与历史。科耶夫确信,即使承认"神性的真理观",伊壁鸠鲁式的哲学态度仍然站不住脚,因为这种态度源于另一个"极端成问题的真理概念":"'主观确定性'(subjective certainty)在任何地方任何时候都符合'客观真理'(objective truth)"(153)。在科耶夫看来,这种"主观确信"(Gewissheit)或"清楚明白的观念"源于一种"为所有理性主义哲人接受的"错误的认识论标准,"从柏拉图开始中经笛卡尔直到胡塞尔",莫不如此(153)。科耶夫认为色诺芬-施特劳斯的"彻底唯我论"(radical egotism)的哲学态度正是基于这种"主观确定性"的认识论。① 由于这种认识论将真理完全置于哲人的"直观"(intuition)之中,哲人可以"完全离群索居"(entirely alone)(153),像赫拉克利特一样享受山上的遁世生活。

可是科耶夫认为,"主观的确定性"远远不足以避免偏

---

① *On Tyranny*, p. 152, note 1.

见,在更为极端的情况下甚至无法避免"疯癫"(madness)——完全可能存在一种"系统的或逻辑的"疯癫(153)。为了避免偏见和疯癫,哲人必须打开"菜园"和"文人共和国"的大门接纳"朋友",但是即便如此,哲人圈子仍然是一个极为封闭的少数人的圈子,这意味着哲人仍然无法彻底摆脱偏见。"修院式"的哲人圈子极有可能成为信奉某种学说的教派,因此科耶夫认为:

> 在此我再次与施特劳斯和他想要追随的古代传统有分歧,依我之见,这个传统基于一个贵族式的偏见(这或许是一个征伐民族的特性)。因为我相信"智识精英"的观念和行为包含一种非常严重的危险,哲人本身应该愿意不惜一切代价避免它。(154)

既然如此,陷入偏见的危险似乎要求哲人必须走出修院,像苏格拉底一样到"市场"或"大街"上去(155)。考虑到真理的历史性或生成性,哲人只有走到"市场"或"大街"上去,才不至于由于"跟不上诸多事件"而跟不上历史性的真理。

但是,即使苏格拉底从"修院"走到"市场"或"大街"上去,他所做的也仅仅是与别人——人数比"修院"内部多一些——进行言辞性的讨论,而不是教导僭主如何获得所有人的承认;换言之,"市场上的闲谈"显然不等于彻底启蒙大众。对于科耶夫而言，基于哲学的理论品质证明其实践本性的任务仍然有待推进。不过，科耶夫决定宕开一笔，先从一种精神（灵魂）现象学的角度证明哲人愿意启蒙大众的可能。

> 不能说僭主和一般的政治人就其定义（by definition）而言会满足于"没有理由的"崇敬或承认：哲人同样如此，他们希望通过真正是或成为他们向别人所表现得那样而"配得上"这种崇敬和承认……因此，从这个角度看政治人与哲人原则上没有任何差别，两者都追求承认（recognition），并且都为了配得上它而行事（事实上，在两种情况下都存在冒牌货）。(156)

根据科耶夫的说法，哲人与政治人原则上具有一种灵魂上的精神同构，因此，哲人与大众的关系本质上是一种**精神领域的"主奴辩证法"**；追求承认的欲望让哲人必然愿意彻底启蒙大众，成为精神领域的"开明君主"。根据精神的"主奴辩证法"，哲人欲求所有人的承认，可是，只有那些"值得"承认哲人的人才能最终满足哲人追求承认的欲望（158），因此，哲人必然进行彻底的精神启蒙。就此而言，"哲人（或智者）与僭主（或一般政治人）之间没有本质的差别"（158）。在这个基础上，科耶夫批评"色诺芬-施特劳斯的苏格拉底"

(158),在他看来,必须依据黑格尔关于承认的精神现象学理解苏格拉底问题。真正的苏格拉底恰恰不是一个"离群索居的哲人",而是一个"传播知识"的启蒙者;哲人应该走出少数人的修院圈子,尽可能向大众传播知识(不论通过口传还是写作)(158),任何唯我论的哲学态度都是从根本上"反苏格拉底的"(anti-Socratic)(159)。

但是,科耶夫对哲人灵魂的精神学解释面临一个重大困难:如何理解哲人的纯粹理论趣味和理论担当?这个困难源于施特劳斯在《论僭政》中对快乐与德性(pleasure and virtue)的区分,科耶夫直言不讳:彻底认识人的"动机"必须诉诸一个"上帝",一种反观或"内省"的方法远远不足以解决这个问题(161)。实际上,科耶夫在这里又回到了对"主观确定性"的批判——精神现象学本质上是一种"社会历史的证成"(social and history verification)(161),而非一种简单的意识"内省"。

根据黑格尔-科耶夫的社会历史的精神现象学,科耶夫认为施特劳斯对快乐与德性的区分过于"极端"(161),换言之,施特劳斯贬低了快乐——获得承认的满足——对哲人行动的意义。可是,否定施特劳斯的"极端"划分本身就意味着承认"出于知识本身(或者出于责任)"追求知识与德性的精神学机制。因此,科耶夫在这里修辞极为谨慎,他甚至不否认哲人比行动的人具有更高的纯粹性,这意味着哲人的政治社会性这个根本问题直到目前为止仍然维持着一种极其严肃的开放性。① 这种开放性让科耶夫看到,由于并不存在一个全知的"上帝",仅仅凭借某个哲人的思辨——不论色诺芬、施特劳斯还是科耶夫自己——不可能彻底解决哲学与政治的关系问题。为了揭示这个根本问题的基本困难,科耶夫现在转向思辨理性在解决这个问题时必然陷入的矛盾。

由于哲学本质上是"**讨论(对话、辩证法)**",哲人必须成为最广大人民群众的教育者,以培育各种类型的对话者,于是,作为教育者的哲人必然要与同样作为教育者的僭主争夺教育法权,在这种情况下,哲人面临"败坏青年"的指控(162)。为了施行彻底的哲学教育,哲人必须参与政治,同时,为了历史性地证成其学说的客观性,哲人也必须参与政治;这意味着哲人必须设法让统治者凭借政令贯彻自己的理论,"柏拉图的叙拉古之行"就是这种努力的典范(163)。但是,参与政治迫使哲人必须全力处理政事,这里必然出现一个根本矛盾:由于追求智慧或统治城邦都几乎必然占据"一个人的所有时间"(all of his time),哲人几乎不可能同时做这两件事情,或者至少不可能同时将两者做好(163—164)。"三心二意"摆弄政治或者一心忙于著书立说不可能让政治人欣然采纳哲人的政令,反之,殚精竭虑操劳政事难免让哲人最终感到"虚掷光阴"(164)。总之,哲人的有限性或有死

---

① 《僭政与智慧》最长的一则注释恰恰揭示的是哲人(智识人)比政治人(行动者)具有更高的纯粹性,也就是说,哲人是"务虚"(vain)的人(162)。

性使得哲人的启蒙事业几乎不可实现。

不过,科耶夫认为这个事实倒是考虑哲人与僭主关系的重要依据之一。首先,最有利于哲人"尽快"达成目的政体是僭主制而非民主制;其次,如果哲人打算亲自从政,他必然选择僭主制而非民主制,因为,为了及早回到"更高贵的事业",他不会愿意与民众纠缠,他必须尽一切力量及早做到功成身退;最后,哲学教育无疑意味着强行改变大众的既有成见,这本身就带有僭政的品质,阿尔喀比亚德(Alcabiades)的做法就是如此(164—165)。显然,就哲人与僭主的关系而言,科耶夫首先关心的不是僭政的道义品质,而是僭政对哲学启蒙的意义,"总之,在所有可能的政治人中,僭主无疑最有可能接受并且施行哲人的建议"(165)。但是,现在问题仍然在于,僭主并不接受哲人的大而化之的高头讲章,他总是需要及时直接且行之有效的政治决策,因此,哲人需要将所有时间投入政治事务,可是哲人之为哲人当然不愿意这样做(165)。另一方面,即使哲人愿意这样做,这几乎意味着哲人已经成为一个彻头彻尾的政治人,由于哲人统治城邦的资格或僭主接受哲人教育的前提在于,哲人由于从事完整的理论探究而在智慧上高于政治人,彻底转变为政治人的哲人必然最终失去已经赢得的政治教育法权。

不仅如此,还有两件事情或许足以让哲人重新回到他们的修院圈子。"良心的罪感"不允许哲人参与甚至强化僭政统治——暴政本质上终究不道义;再者,真正的哲人仅仅愿意施行基于智慧的统治,可是,哲人就其本质而言是追求智慧而非拥有智慧的人,因此,由于不可能"及时"获得完满的智慧,哲人必然最终放弃从政的念头,重新回到修院(166)。于是,科耶夫总结道:

> 这相当于说哲人面对僭主的冲突不是别的,正是智识人面对行动或者更确切地说面对行动的倾向或者甚至必然性的冲突。根据黑格尔,这个冲突是发生在基督教或布尔乔亚世界里的唯一真正的悲剧(tragedy):哈姆雷特和浮士德的悲剧。这之所以是一个悲剧性的(tragic)冲突,是因为它是一个无法解决的冲突,一个不可能解决的问题。(166)

面对黑格尔所说的"悲剧",似乎仍然存在一个最后的解决方案:哲人对上述问题采取彻底的探究态度。这种彻底的探究表面上似乎符合哲人或哲学生活的本质,但是,选择言辞性的探究实际上等于先行否定或放弃行动的生活。问题在于,既然探究等于"寻求"而非已经具有选择某种生活的"充足理由"(sufficient reason),那么选择探究的态度本身就是一个悖论——在没有"充足理由"的情况下做出选择。因此科耶夫认为,思辨(借助言辞的讨论)的方法本质上不可能解决这个问题,正是由于这个原因,"这种延续了两千多年的讨论"始终没有产生什么解决之道;所以,如果要实现

"无可争辩的"解决之道,或许必须超越哲人之间的讨论,运用黑格尔的"客观"方法——"*历史证成法*"(method of historical verification)(167)。

既然哲学与政治的关系是一个*现实的*矛盾,"对话性的思辨"必然无法解决这个矛盾,因为,"纯粹言辞性的'讨论'"并不解决现实的矛盾(167)。只有通过社会历史性的活动和(人的)斗争,才能"辩证地(dialectically)解决"人与自然、人与人以及人与社会历史的矛盾(168)。

> 实际上,只有当这种现实的"对话",这种历史的辩证法达乎完成之时,也就是说,当历史在普遍同质国家(universal and homogeneous State)中并且通过它达到最终阶段[*terme final*]之时,真理才会从中出现,因为这个国家意味着公民的"满足",消除了一切否定行动(action)的可能,它也因而消除了所有否定(negation)本身的一切可能,并且因此消除了对于既成事物的新的"讨论"的一切可能。(168)

科耶夫相信,"历史辩证法"最终必然实现一个普遍同质国家,由于在这个国家中不再有真正意义上的"否定",历史也就不会再有前进的动力。根据黑格尔的历史生成的真理观,达乎完成的历史必然通过生成性事物的全体性向人揭示真理——本质上不会再有真正意义上的新事物出现。那么,"历史辩证法"如何解决哲学与政治的矛盾？相对于"个人的沉思"(individual meditations),历史的辩证过程可以克服一个解决上述矛盾的根本困难:哲人的有死性(168)。科耶夫认为存在一个超越个体有死性的"帕斯卡尔(Pascal)所说的大个体(great individual)"——与历史同在的相继产生的诸多个体,当历史达乎完成之时,这个"大个体"就能凭借"理解"或"解释"获得"绝对知识"(Absolute Knowledge)(169)。"绝对知识"的真理性在于它穷尽了一切(不包含矛盾的)"理性"的可能,总之,历史的完成最终产生真正的"逻各斯"(Logos)(169)。

既然历史的完成必然只是历史达到普遍同质国家,这对哲学与政治的关系最终意味着什么？换言之,普遍同质国家基于何种哲学与政治的关系？在科耶夫看来,普遍同质国家只能是哲人教导僭主(政治人)的结果。历史的证据表明普遍国家或"帝国"(empire)的观念源于希腊哲人的教诲,更确切地说源于"苏格拉底-柏拉图的哲学"(170—171)。亚历山大大帝与亚里士多德的关系本质上就是苏格拉底与亚历山大的关系,与保罗(Paul)的普遍教会不同,如今只有苏格拉底的文明观念还在大地上**政治地**运作(172)。苏格拉底的哲学揭示出人的普遍的理性"本质"(essence),由于"理性(Logos)本身是普遍同一的",超民族的帝国政体才是真正文明的政治形态。另一方面,由于同质国家基于人的本质的同一性,同质国家同样是希腊哲学的结果,保罗的"超越的、有神论的宗教基础"不可能产生一个真正意义上的国家（State）(172)。科耶夫据此得出结论,历史性的事实证明作为历史最终形态的普遍同质国家是政治人听从哲人教诲的结果(173)。

这种历史哲学的关系最终意味着什么？除非历史借助"历史辩证法"达到终点,人的智性不可能把握所有可能的历史实在及其总体性。如果哲人完全不向政治人教导任何政治学说,就不会有真正意义上的历史"进步"（progress）,这意味着不再有"真正意义上的历史"(174—175)。同时,如果政治人(僭主)不践行哲人的理念,同样不会有历史进步或历史本身。由于僭主不愿意乌托邦付诸实践,哲人也不愿意彻底放弃沉思生活,所以需要"*知识分子一族*"（constellation of intellectuals）填平"乌托邦与实在的理论鸿沟"(175)。知识分子现在成为哲人王的教士,由于历史性地推动历史走向终结,知识分子的活动成了完全"合理"（reasonable）的活动：

> 总而言之,(根据功业或成就)"判断"政治人或僭主行为的正是历史本身,他们(有意或无意地)做出的行为是知识分子出于实践目的改造哲人观念的结果。(176)

因此,真理的极端历史性质不允许哲人离群索居,哲学现在必须从纯粹的理论探究(至少在相当程度上)转变为现实的实践技艺。为了实现在历史中并且只能通过历史实现的智慧和真理,哲人必须推动历史的政治性的**进步**,因为,只有推动历史实在在历史之中完成其可能性,真正理论的智慧才会出现。"历史辩证法"事实上是对政治生活一切可能的道义欠负的救赎,僭政或暴政在历史理性中已经成为"合理"的东西。无论如何,为了彻底实现**黑格尔-科耶夫式的历史真理**,科耶夫甚至不惮于赋予"知识分子一族"对人类的教育法权,现代历史主义并不警惕各种政治"理想"的糊涂甚至狂热的教士……

2. 施特劳斯与古典哲人

《僭政与智慧》或许是施特劳斯遭遇的最精致最强悍的现代哲学"攻势"。科耶夫站在历史主义立场上批判色诺芬的古典僭政理解,主张一种基于历史真理的现代政治哲学。施特劳斯十分看重这位老友的批判在哲学思想上的分量,事实上,从施特劳斯与科耶夫的书信往来中可以清楚地看到,科耶夫的强悍"攻势"本身就是施特劳斯多次请求的结果。施特劳斯希望借助哲人科耶夫的洞见彻底思考古今之争的真正要义。

在《僭政与智慧》中,科耶夫毫不讳言古代僭政与现代僭政的区别。这是否意味着必须否定古典的僭政理解,换言之,这是否意味着不应该根据古典框架理解现代僭政? 在《重述》的纲领性的开场白中,施特劳斯并不否认一个事实:现代僭政源于"现代的哲学或科学概念"(178)。这当然意味着现代僭政建立在新的根基之上——现代科学在"征服自然"方面的无限进步与哲学知识的普及。事实上,在《僭政与智慧》中,科耶夫关于现代僭政已经实现古代僭政理想的论断正是基于这个新的根基。但是,科耶夫忽略的事实是,古代哲人并非对技术和启蒙一无所知。但是,古人反对这两者的理由在于:

> 古代人认为它们"不自然"(unnatural),也就是说,败坏人性(humanity)。他们并不渴求如今的僭政,因为他们认为其基本预设如此荒谬,以至于他们将他们的想象转向了完全不同的方向。(178)

古人拒绝现代僭政及其根基乃是出于伦理道德的理由,这意味着古人将政制的伦理道德品质作为判断政制形式的根本原则。正是在这个意义上,施特劳斯主张根据古典框架理解古今僭政,也就是说,尽管现代僭政建立在新的根基之上,古典框架才是理解古今僭政的一般原则。

科耶夫谈论僭政的方式甚至比马基雅维利更"直言不讳",科耶夫既没有因为僭政的暴政品质而反对僭政,"也不尊重法(legitimacy)"(185)。不过,科耶夫的态度与"时下流行的糊涂念头"截然不同,《僭政与智慧》对《希耶罗》和《论僭政》的核心问题——理论与实践的关系——洞若观火(186)。施特劳斯清楚地看到,与糊涂的"当今社会科学"不同,理论与实践的关系问题在科耶夫那里乃是一个极其严肃的根本问题,他也"承认甚至强调古典思想**绝对**高于时下的思想"(186)。

> 但是,科耶夫拒绝对于基本问题的古典解决方案(classical solution)。他将无限的技术进步与普遍启蒙看作满足人性本身的必要条件。他否认当今的社会科学是现代哲学的必然结果。根据他的说法,当今的社会科学仅仅是现代哲学不可避免的败坏的必然结果,因为它拒绝听从黑格尔的决定性的教诲。(186)

施特劳斯和科耶夫都敏锐地看到,"当今社会科学"的败坏本质上源于抛弃"科学"的理论(理想)品质,换言之,放弃思考人的应然生活和最佳政治秩序导致社会科学彻底脱离人类生活的重大严肃问题。经过败坏的社会科学根本"抓不到僭政的真正本质"(23)。但是,关于如何解决社会科学无力解决的问题,施特劳斯并不同意科耶夫的黑格尔式"综合"。

黑格尔式"综合"的精神(灵魂)学根源是什么?在《僭政与智慧》中,科耶夫对色诺芬僭政理解的质疑首先基于一个理由:希耶罗的沉默表明诗人西蒙尼德斯的"好僭政"是一个空洞的"乌托邦",可是,色诺芬似乎对无法改良僭政的困局无动于衷,面对僭主的沉默,他没有让诗人西蒙尼德斯提出"现实的"政治行动计划。在科耶夫看来,色诺芬暗示的结局无异于主动放弃改良僭政,但是问题在于,由于现代僭政所处的时代已经大不相同,所以,色诺芬的态度不应该作为对僭政的一般理解,换言之,不应该依照色诺芬的框架理解现代僭主与哲人的关系。可是,施特劳斯十分怀疑现代僭政是否符合西蒙尼德斯的"理想"。斯大林的统治难道不是凭借"内卫部队和劳动营"(188—189),在现时代真的可以轻易获得改良僭政的各种条件?

情况并非如此,西蒙尼德斯的"好僭政"在现时代仍然是个"乌托邦",因此,施特劳斯认为科耶夫对色诺芬政治态度的批判源于他对"乌托邦的价值"的误解(187)。改良僭政的目的是实现"好僭政"——尽可能消除"非人道或非理性"的统治,但是,由于这种最大限度的改良显然必须依靠"各种最有利的条件",因此,僭政的改良最终依赖于"*机运*"(187—188)。同时,西蒙尼德斯也并没有完全放弃可能的改良,他建议希耶罗不要再参加"奥林匹亚(Olympian)和皮提亚(Pythian)赛会",如果希耶罗听从这个建议,他的统治就会不那么"非人道或非理性"。

事实上,一般的教诲是恰好有机会影响僭主的智者应该利用他的影响造福他的同胞。有人也许会说,这个教诲太寻常。更准确的说法应该是这在从前的时代很寻常,因为今天人们不再把像西蒙尼德斯所做的那样的小举动当回事,因为我们习惯于期望过多(expecting too much)。关于智者必须如何承担他的责任——这面临很大的困难甚至危险,我们从色诺芬那里学到的东西可不寻常。(188)

因此,调和苏格拉底与马基雅维利的精神学根源事实上是现代人对政治生活期望过多,为了彻底改良僭政,现代政治人选择诉诸技术文明和人民主权,以便为了形式性的政体改良要求降低实质性的政治伦理品质。

另一方面,西蒙尼德斯的审慎态度还与僭主未必愿意听从智者有关。站在科耶夫的立场上,希耶罗的沉默本身就成问题,不仅"现代僭政、甚至古代僭政也不能在色诺芬的原则下进行理解"(189)。所以,关于僭主式的灵魂,科耶夫给出了异教与基督教的理解,并且认为异教的解释更准确;不过,只有经过黑格尔的修正,异教解释才能成为最终正确的解释。西蒙尼德斯似乎认为"荣誉是最高的人追求的最高目标甚至唯一目标",因此,僭主追求僭政的首要动机是对"承认"的欲望(189)。倘若僭主天生具有追求"承认"的强烈欲望,那么,色诺芬对于僭政来源的理解和西蒙尼德斯的审慎态度都站不住脚,换言之,古典的僭政理解无论在古代还是现代都不成立。倘若僭政对于所有人都是显而易见的恶,除非僭主被"欲求荣誉或威望"的"激情"(passion)蒙蔽,他不可能主动去做如此卑劣的事情(191)。对承认的欲望让僭主愿意寻求哲人的教诲,或者至少愿意打听哲人的政治学说,这无疑是两者关系的重大转变,这个转变恰恰与西蒙尼德斯和色诺芬的态度不相容。

但是,西蒙尼德斯关于荣誉的确切说法是:"人的任何快乐似乎($δόκει$)都不如荣誉方面的快乐更接近神圣的东西",科耶夫忽略了色诺芬关键的修辞。因此,实际上西蒙尼德斯"根本不赞同主人道德(morality of masters),也不认为荣誉是最高类型的人的最高目的"(189)。同时,西蒙尼德斯宣称对荣誉的欲望是"大丈夫"($ἀνήρ$)而非"人"($ἄνϑρωποι$)的本质特征。在色诺芬那里,最高的人是智者而非"大丈夫",所以,苏格拉底恰恰属于科耶夫所说的"奴隶",他不是一个"好的大丈夫",而是一个"好人"(190)。由于科耶夫认为西蒙尼德斯相信荣誉是"人"的最高目的,所以他相信荣誉是人的最高"客观"使命,因此,"主奴辩证法"必然取消僭政的道义负担,政治人有正当的理由做卑劣的事情(191)。正是在这个意义上,科耶夫反对古代人从道德的角度认识僭政,因为,异教和《圣经》的教诲表明僭政本身就是人的最高道德义务——成为主人或建立功业。但是,在施特劳斯看来,科耶夫的结论相当奇怪:

> 综合出奇迹。科耶夫或黑格尔对古典与《圣经》道德的综合产生了一个奇迹,它从这两种全部严格要求自我约束的道德之中制造了一种令人惊讶的宽松的道德。(191)

古典道德和《圣经》道德都恪守道德的道义性(morality),道德之为道德乃是承担义务或自我约束——做好人或做善事。因此,科耶夫对僭主道德的理解不仅不符合古典教诲和《圣经》传统,甚至与之相悖。从表面上看,科耶夫并不否认人的"目的"甚至"最高目的",可是,倘若人的最高目的是满足"对承认的欲望",这归根结底仍然是对欲望的满足,而非德性或正义,在这个意义上,最高的人恰恰是柏拉图或苏格拉底所说的"奴隶",而非古典的*自由人*。因此,科耶夫十分清楚,他"对苏格拉底与马基雅维利的综合"仅仅是一个表面上的综合,黑格尔的"主奴辩证法"从根本上源于霍布斯的"自然状态"(state of nature)。如果"自然状态"学说本质上是一个"建构"或"假设",或者,如果人的本性之中并非完全缺乏"对神圣规约的意识",那么科耶夫的立场就不成立(192)。

既然科耶夫完全理解霍布斯"自然状态"的性质,他为何反对古典的僭政理解?原因似乎在于,科耶夫对道德的理解不以伦理为基础,而以政治为基础;倘若政体形式是道德的前提,那么正义就不是具体道德行为的善恶,而是源于政体的正义或政治的正当。科耶夫很有可能未必真正相信对"承认"的欲望本身是道德的实质本源,僭政的正当性或道义性在科耶夫那里很有可能源于一种特定的最佳政体:普遍同质国家。作为最正义的政体,普遍同质国家的政治正当性基于自由平等的形式正义:它可以将"暴力和恐惧"降到最低限度。由于僭主追求"承认"的过程是达到普遍同质国家的必经阶段,因此,必须根据这一历史性的政治运动理解僭政。相反,古典理解认为**贤良政制**(aristocracy)是最能实现实质正义的政体(192),因为真正意义上的贤良政制最能实现有道德的生活或者实质上正义的生活——贤良政制的目的是统治者和被统治者的美好行为。

作为最佳政体的贤良政制基于一个关于智慧与政治的古典前提:智者(哲人)不愿意统治。如果智者愿意统治,最佳政体必然是智者的**绝对统治**,由于智者不愿意统治,最佳政体的替代方案必然是不智慧的人"在智者的法律下"统治(193)。同时,由于智者总是极为罕见,更可行的方案不可能是智者随时随地立法和统治,而是在某种特殊的机运之下智者作为"国父"为城邦立法,城邦由于某种原因接受并服从智者的法律,依据智者的法律统治。可是,法律本身需要解释,因此,凭靠法律进行统治的贤良政制需要一个有教养的阶层,这个阶层的统治法权源于他们作为智者的模仿者有通过解释法律建立正义秩序的智性和德性。然而,即使这个有教养的阶层也并非总能出现或者获得统治权,因此,连续的激进政治革命不可避免。可是,倘若激进的政治革命状态成为常态,城邦必然无法承受无休止的政治革命带来的混乱和破坏,在这种情况下,自由或宪政的民主政制才成为一种"比较接近古典要求"的可行的政体形式(194)——根据上述理路,自由民主或宪政民主需要解决的根本问题首先不是在实质上肯定人民主权,而是如何尽可能让真正的贤良之人或教养阶层获得统治法权,以实现实质性的正义生活或美好生活。

科耶夫并不赞同上述理路的前提,他认为哲人出于追求真理的要求必须启蒙大众——这本身就是政治行动。由于哲人不等于智者,为了获得确定的真理,哲人必须克服纯粹个体的"主观确定性",达到"主体间的"(intersubjective)确定性(194),最大限度的主体间确定性要求哲人彻底启蒙大众,实现哲人与大众之间的对话或辩证法。启蒙大众的结果是所有人都由奴隶变成精神上的"主人",一种基于相互"承认"的自由平等的普遍同质国家必然随之出现,这个国家能够在最大限度上降低"暴力和恐惧"。

哲人是否必须通过启蒙获得真理,启蒙大众是否真正有助于哲人获得真理? 不可否认,哲人与智者的划分源于哲人的本质,哲人并非拥有智慧的人,而是真理的探究者。探究真理要求哲人降低知识的"主观性",从而尽可能摆脱"偏见"。为了摆脱偏见,哲人需要对话者,然而,哲人的对话者永远只能是少数人——其他有能力探究真理的"现成或潜在的哲人",于是,哲人与其他哲人成为朋友,形成由极少数人构成的"精英"圈子(194)。由于"精英"圈子显然无法让哲人彻底摆脱偏见,更有可能的情况倒是,不同的哲人圈子实际上成为诸多"宗派"(sect),为了摆脱宗派偏见,哲人必须"到市场上去"(195)。但是,"到市场上去"绝不意味着与众人对话,因为,"一个大众派别只不过是一个拖着超大尾巴的宗派",他们不仅对确保"客观确定性"没有意义,还会加强宗派的信条和偏见(195)。究其本质,哲学既不是宗派信条,也不是与大众的对话:

> 科耶夫的主张的决定性前提是,哲学"必然意味着不同于'客观确定性'的'主观确定性',换句话说,主观确定性是偏见"。但是,根据这个词的原初含义,哲学只是对一个人的无知的知识。对于一个人没有知识的"主观确信[确定性]"符合这一确信[确定性]的"客观真理"。不过,除非知道一个人不知道什么,一个不可能知道他不知道。帕斯卡尔为了反对哲学关于独断论和怀疑论的无能所说的话,是对哲学的唯一证成,哲学本身既非独断又非怀疑,更不是"决定论",而是探究(或者原初意义上的怀疑)。(196)

因此,哲学本质上是"对根本问题和整全问题的意识",对所有解决方案的问题性质的意识,哲人既无必要也无可能通过启蒙获得真理(196)。科耶夫认为哲人与僭主的根本精神动力完全一致,都是对"承认"的欲望,可是,苏格拉底仅仅追求自我肯定或自我赞赏,并不在意大众的"承认"。《希耶罗》关于"荣誉"的说法恰恰指向哲人与僭主的根本差异而非一致性。科耶夫没有发现《希耶罗》对哲人精神动力的描述并不完备,这是色诺芬依据作品的情节和意图所作的安排。事实上,哲人当然追求某种"满足"和由此产生的"幸福",但是,"满足不等于承认甚至普遍承认"(198)。哲人的"抱负"毋宁说是最高的抱负:追求关于永恒事物及其永恒秩序和原因的知识。由于永恒事物及其秩序必然只是"理念"(idea)(包括人的"理念"),哲人对历史过程与历史中的个体的关心微乎其微(198)。哲人与人世只有最低限度的依存关系,他只需要别人"料理其身体的需要"(199),这种关系让哲人成为最自足的人。对永恒秩序的直观让哲人看到所有政治行动的限度,他比所有人都更清楚地知道政制的改良几乎与真正的、最高的"满足"完全无关。

既然如此,苏格拉底为什么要与人打交道,甚至经常在市场上谈话?哲人在市场上绝不与大众谈话,柏拉图的苏格拉底仅仅与少数人私谈($ἰδιολογήσασθαι$)。[①] 与少数朋友谈话的目的当然包括尽可能摆脱科耶夫所说的唯我论的"主观确定性",不过,最重要的原因还在于,"试图把握永恒秩序必

---

① 柏拉图,《忒阿格斯》(*Theages*)121a1。

然意味着从反映永恒秩序的易朽事物上升",在所有易朽事物中,最能反映永恒秩序的事物是人的灵魂——它与永恒秩序"最相似"(201)。灵魂之中属于逻各斯的部分包含关于万物及其整全秩序的观念,秩序良好的灵魂必然是秩序良好的逻各斯的统治,因此,只有秩序良好的灵魂能够体现存在者的永恒秩序——宇宙心智的善的秩序。① 哲人追求这种灵魂,与他们"在一起";良好的灵魂秩序必然源于"爱智"(philosiphizing),因此,只有现实或潜在的哲人才是哲人的"朋友",哲人愿意寻找和培育这样的朋友,使他们成为灵魂秩序良好的真正的哲人。

在这个意义上,科耶夫的判断显然不准确,哲人与僭主的精神或灵魂存在本质上的区别。哲人对他人灵魂的"爱欲"(eros)源于对永恒秩序的最高的爱欲,他渴望与真正有德性的人"在一起";僭主则追求政治德性,由于政治德性仅仅是真正的德性的不完整的"影像或模仿",僭主的爱欲远远低于哲人的爱欲。僭主的爱欲实际上总是与某种需要相关,即使它是科耶夫所说的获得承认的需要。因此,哲人既无必要也无可能与所有人对话,启蒙大众不属于哲人的事业;这个事实源于一个绝对"非先天的经验",哲学的天性永远只属于少数人,与大众不相干(203)。相反,统治者必须

---

① 柏拉图,《斐多》(Phaedo)95e—99c;苏格拉底的"第二次远行"正是出于探究"原因"(αἰτίας)的目的(参《斐多》99d 以下)。

教育所有臣民,因为他"本质上是所有臣民的统治者"(202),他必须让所有臣民学习并服从某些政治德性。统治者的启蒙必然是政治的启蒙,而非真正的启蒙。

科耶夫认为哲人必须"到市场上去",由于哲人尝试让年轻人转向哲学生活,城邦必然认为哲人败坏青年,于是哲学与城邦的冲突不可避免。为了捍卫哲学,哲人必须对城邦采取某种行动。在施特劳斯看来,科耶夫的这些看法都与古典一致。

> 但是,最后的结果是否意味着哲人必须谋求决定或参与城邦或统治者的决策?哲人是否必须谋求"以某种方式参与对公共事务的通盘指导,以便国家以一种使哲人的哲学教育变得可能和有效的方式组织起来并得到统治"?还是,我们必须以一种完全不同的方式理解哲学的政治(philosophic politics),亦即哲人为了哲学而采取的行动。(205)

对于这个问题,施特劳斯更赞同古典的理解。哲人的政治行动不是建立依赖于机运的最佳政制,因为"哲学和哲学教育在所有或多或少不完美的政制下都是可能的"(205)。哲人的政治行动是一种最低限度的政治行动:哲人尊重城邦的宗教和礼法,他们不是颠覆者,而是好公民。哲人以道德的名义在城邦面前为自己辩护,同时隐秘地探究和保存真理。在施特劳斯看来,柏拉图、西塞罗、阿尔法拉比和迈蒙尼德们的政治行动已经完全获得成功(206)。因此,施特劳斯认为必须区分哲学本身要求的政治行动与哲人可能进行的建立最佳政制的行动,由于科耶夫忽略了这个区分,他陷入一个"悲剧性的冲突":虽然哲人不愿意统治城邦,但他不得不进行统治。可是,既然哲学本身并不以最佳政制为前提,"与苏格拉底之死一样,哲学与城邦的冲突很难说是悲剧"(206)。

但是,科耶夫认为哲学与城邦的冲突不可能在纯粹理论的思辨中得到解决,一个现实的矛盾必须得到社会历史的解决。根据黑格尔的历史辩证法,科耶夫认为哲学与城邦的冲突最终将在普遍同质国家中达到和解,只有实现这种最终的和解,只有当真理穷尽自身的可能之时,真正的智慧才会出现,"智慧本身才能取代对智慧的追求"(207)。历史的辩证运动将会证明,源于异教和基督教的普遍同质国家观念是哲学与城邦冲突的最终形态或解决形态,由于实现这个国家必须借助僭主的政治行动,因此,哲人与僭主的关系不再是一个问题。可以说,科耶夫的全部论证建立在一个前提之上:普遍同质国家是唯一现实并且正义的社会,或者,普遍同质国家是唯一可能和值得追求的最佳政治社会。

正是在这里,施特劳斯选择捍卫古典哲人的教诲。毫无疑问,普遍同质国家是激情和欲望的结果,必须借助暴政和血腥的斗争才能实现,施特劳斯十分怀疑这种"受到煽动的激情"会达到理性的结果(207)。在最初的普遍同质的君主国中,只有国家的主人才能得到满足,这显然是黑格尔和科耶夫所说的专制。因此,对"承认"和"满足"的欲望必然驱使其他主人采取激进的否定行动,普遍同质的君主国必然转变为普遍同质的贵族制国家,最终,普遍同质国家必然表现为主人与奴隶的彻底和解——建立一个"不再可能有战争和革命"的平等国家(208)。另一方面,对自然的彻底征服使所有劳作都成为象征性的劳作,艰辛的生存性的劳作不复存在。这个国家"不再有任何战斗和工作,历史达到了它的终点,不再有更多的事情要做"(208)。科耶夫又承认,普遍同质国家必须以"技术的无限进步及其产物"为条件,由于人不再劳作,不再追求实质的高贵行为和品质,这个国家的公民成为尼采所说的"末人",这是对人性的毁灭。倘若如此,历史的最终完成恰恰是"悲剧性的"完成(208)。为了反抗人性的毁灭,"大丈夫"必然采取新的否定行动,否定奴隶道德的虚无主义。这种行动是普遍同质国家中唯一伟大高贵的行动,它让这个末人国家"迟早要消亡"(209)。于是,"历史辩证法"表面上的终结成为新的矛盾的开端,少数人与多数人的斗争现在以新的形式展开;由于不再可能进行真正的改良或革命,新的血腥斗争必然凭靠卑劣的"政治暗杀"和"宫廷政变"(209)。

科耶夫争辩说,只要人的最高目的或人性的最终依据是"思想"和智慧,普遍同质国家就是唯一道义的国家,只有在这个国家中,沉思真理的神圣活动才成为所有人的现实的生活方式,为了让沉思的生活成为普遍的生活,科耶夫必须"激烈地反对古典时代关于只有少数人能够追求智慧的观点"(210)。但是,科耶夫很难否定一个亘古不变的事实,灵魂爱欲的差异与人性本身同在,因此,他最后不得不承认,即使在普遍同质国家中多数人也只有"得到满足的潜在性"(210)。在任何时代,爱智者和大丈夫都是少数人,因此,科耶夫的最终的政治共同体极有可能是"一个国家而非无国家的社会":彻底启蒙绝无可能,"国家或强制政府不可能消亡"(210)。现代人欲求在政治社会中实现普遍的幸福,为了实现古典时代的乌托邦,必须降低人的品质或目的。在这个意义上,现代人实现的政治社会不再是真正的乌托邦,因为降低人性的品质本身就意味着取消人世生活的理想性质。

在任何政治社会中,哲人都不愿意统治,在普遍同质国家中也是如此。由于普遍同质国家的统治者不是智者或哲人,"为了保持权力"或主人的权威(211),他必须压制一切怀疑普遍同质国家之正当性的活动,因为这种怀疑无异于否定依托这种政体的主人的权威。于是,普遍同质国家成为意识形态,建立在历史形而上学之上的政治形式不再对道德的良心负责,甚至将良心斥为不道德,最后的僭主成为普遍同质国家理想的化身,成为"最高的权威"和"最高哲学的唯一解释者"(211)。这个国家再也容不下真正的哲人,恐怖的技术手段和这个国家的世界帝国性质让哲人不再像从前的时代一样有隐藏自己和隐藏真理的可能:科耶夫的世界帝国将终结一切真正的哲学。

古典立场与现代立场的争端源于一个根本问题:什么是真正的智慧或哲学,或者,历史真理对于真理本身意味着什么。古典立场以"永恒秩序或永恒原因"的存在和显现为前提。不过,否定历史的真理性,必须预设"存在与自身的同一",由于这个预设并非不言自明,科耶夫反对它,他相信存在就是历史性的生成,"存在在历史过程中创造自身",唯一恒在的只是"历史或有限时间的总体"(212)。

> 根据古典的假设,必须彻底区分认识的条件与认识的本源,区分哲学存在或延续的条件(某种特定类型的社会等等)与哲学洞见的本源。根据科耶夫的假设,这个区分失去了其重要意义:即使并不等同于存在,社会变迁或命运也影响存在,因而影响真理。根据科耶夫的假设,无限眷恋人类事务成为哲学认识的本源:人必须彻底居住在大地上,他必须彻底成为大地上的公民……(212)

科耶夫的大地上的世界帝国依赖于一个前提,除非所有人都从意见上升到知识,人类关于基本问题的意见分歧必然带来封闭的城邦。即使在最极端的情况下,现代世界的诸神之争也不会终结,而是演变为两个百臂巨兽之间的战争……

图书在版编目(CIP)数据

哲人与历史:现代政治思想中的历史意识/刘振著.
--上海:华东师范大学出版社,2021
ISBN 978-7-5760-1237-8

Ⅰ.①哲… Ⅱ.①刘… Ⅲ.①政治思想史—研究—西方国家 Ⅳ.①D091

中国版本图书馆 CIP 数据核字(2021)第 014764 号

华东师范大学出版社六点分社
企划人　倪为国

本书著作权、版式和装帧设计受世界版权公约和中华人民共和国著作权法保护

六点评论
哲人与历史:现代政治思想中的历史意识

著　　者　刘　振
责任编辑　彭文曼
责任校对　王寅军
封面设计　卢晓红

出版发行　华东师范大学出版社
社　　址　上海市中山北路3663号　邮编　200062
网　　址　www.ecnupress.com.cn
电　　话　021-60821666　行政传真　021-62572105
客服电话　021-62865537　门市(邮购)电话　021-62869887
地　　址　上海市中山北路3663号华东师范大学校内先锋路口
网　　店　http://hdsdcbs.tmall.com

印 刷 者　上海盛隆印务有限公司
开　　本　889×1194　1/32
印　　张　4.5
字　　数　75千字
版　　次　2021年2月第1版
印　　次　2021年2月第1次
书　　号　ISBN 978-7-5760-1237-8
定　　价　38.00元

出版人　王　焰

(如发现本版图书有印订质量问题,请寄回本社客服中心调换或电话021-62865537 联系)